福祉施設・学校現場が拓く

児童家庭ソーシャルワーク

子どもとその家族を支援する
すべての人に

櫻井慶一・宮﨑正宇 編著

北大路書房

まえがき

　2016（平成28）年6月，児童福祉法の「総則」（第1条～第3条）がほぼ70年ぶりに全面改正された。児童福祉法の改正は近年では毎年のように行われているが，理念規定である「総則」の改正は戦後初めてのことである。法改正の直接的なねらいは，出産期からの「子育て世代地域包括支援センター（日本版ネウボラ）」の設置に典型的にみられるように，激増している児童虐待問題への対策強化の一環である。しかし，その第1条の「児童に関する条約の精神にのっとり」という文言や第2条の「…社会のあらゆる分野において，児童の年齢及び発達の程度に応じて，その意見が尊重され，その最善の利益が優先して考慮され…」といった新たな条文にみられるように，「児童福祉法」と「子どもの権利条約」の整合性が条約の批准後20年余にしてようやくとれたと解釈できる改正でもあった。

　「子どもの人権」がおびやかされている事例は，今日では虐待問題だけでなく，6人に一人といわれる貧困児童（家庭）の問題，保育現場では10人に一人にまで増加しているとされるいわゆる「気になる子」の問題，学齢児童における不登校，校内暴力，非行，さらには近年最多を更新しているいじめ（自殺）問題等々枚挙にいとまがない。こうした問題に直接対応児童している家庭福祉分野で働くソーシャルワーカー（以下，本書ではスクールソーシャルワーカーを含め児童家庭ソーシャルワーカーと略記する）の役割はますます大きくなっているのである。

　ところで今日，児童家庭ソーシャルワーカーといわれる人々が活躍する場所を具体的にみると，児童相談所，福祉事務所，児童家庭相談室，保健センターや保健所，各種の療育センターや医療機関，家庭支援の専門機関，矯正施設等々があり，もちろん，本書で取り扱っている多くの児童福祉施設や学校など様々である。また，その仕事内容も，経済的支援もできる福祉事務所や，親子関係等にも深く介入できる児童相談所のように多くの人からソーシャルワークの専門機関とみなされているところから，保育所や児童館のように「ケアワーク」の場と考えられ，「ソーシャルワーク」概念自体すらほとんど共有されていないと考えられる児童福祉施設まできわめて幅広い。他分野も含め，「ソーシャルワーク」の概念自体も，一般の人々に必ずしも理解されているとは今日でもいえないが，とりわけ児童・家庭福祉領域でのその形成は遅れている。

まえがき

　本書は，児童・家庭福祉施設や学校現場での多様な実践事例を紹介するものであるが，そのねらいは，関係する現場職員が「ソーシャルワーク」視点で考えることで，児童や家庭への適切な働きかけの強化に資することにある。その意味では，児童家庭ソーシャルワークの「実践と理論」の結合を図ろうとするものである。そのため本書は，狭義の児童・家庭福祉施設の実践だけでなく，教育分野のソーシャルワーク実践（スクールソーシャルワーク）にも焦点を当てている。このことは，これまで「福祉」か「教育」で別々に対応されてきた学齢期の児童への包括的で継続的な福祉的支援の必要性を強調したいためであり，児童・家庭福祉の仕事の目的が児童の「自己実現（自立助長）」に寄与する長期的・継続的な営みであることを意識するからである。

　本書の執筆者は，児童・家庭福祉の実践現場で働く，比較的若手から中堅の社会福祉士や精神保健福祉士，保育士等の国家資格所有者である。それらの者がソーシャルワーカーとしての立場を意識しながら，自分自身の現場実践を掘り起こし「ソーシャルワーク」について論述しているという特徴を有している。

　わが国では，福祉現場でのソーシャルワークの「理論と実践」の乖離といわれる状況が続いて久しい。本書が，「現場からの発信」としてささやかでもそうした状況への問題提起になるならば幸いである。

平成29年6月　編者

目　次

まえがき　i

第1部　児童・家庭福祉とソーシャルワーク　1

第1章　児童・家庭福祉分野におけるソーシャルワーク　2

第1節　児童家庭ソーシャルワークの必要性　2

第2節　児童家庭ソーシャルワークの定義とその特徴　3

1. 児童家庭ソーシャルワークの概念／2. 児童・家庭福祉分野でのソーシャルワークの成立（構成）要素

第3節　児童家庭ソーシャルワークの特色とその担い手　7

1. 児童家庭ソーシャルワーク展開の特徴と他分野との違い／2. 児童家庭ソーシャルワーカーの現状

第4節　これからの児童家庭ソーシャルワーカー　10

第2章　社会福祉士等による児童・家庭福祉領域におけるソーシャルワーク　12

第1節　児童福祉施設における社会福祉士等の活動の現状と課題　12

1. 児童福祉施設と社会福祉士／2. 児童福祉施設のソーシャルワークからみた現代的役割

第2節　児童福祉施設における社会福祉士等によるソーシャルワークの理論と実際──高知県での実践を参考に──　15

1. 児童養護施設と児童相談所との連携を通して／2. 高知県社会福祉士会の活動を通して

第3節　児童福祉施設に求められるソーシャルワーク実践と理論　18

第4節　おわりに　20

第3章　学校におけるソーシャルワークの展開とその展望　22

第1節　教育福祉実践の系譜とスクールソーシャルワーク　22

1. 教育福祉実践の系譜／2. スクールソーシャルワーカー活用事業の成立過程／3. 教育福祉の課題

目　次

　　　　第 2 節　スクールソーシャルワークの実践　26
　　　　　　　1．スクールソーシャルワーカーの位置づけと役割／2．スクールソーシャルワーカーの支援内容
　　　　第 3 節　スクールソーシャルワークの課題と展望　32
　　　　　　　1．スクールソーシャルワーカー活用事業の教育行政課題／2．国の新しい施策とスクールソーシャルワーカー

第 2 部　児童・家庭福祉施設におけるソーシャルワーク　35

第 4 章　保育所と地域子育て支援センターでのソーシャルワーク　36
　　　　第 1 節　施設の概要　36
　　　　第 2 節　事例から　38
　　　　　　　1．事例　障がいのある子（者）の受け入れ／2．事例のコメント
　　　　第 3 節　地域子育て支援センターの類型と機能　41
　　　　　　　1．地域子育て支援センターの 3 類型／2．機能の実際
　　　　第 4 節　おわりに　45

第 5 章　乳児院におけるソーシャルワーク　46
　　　　第 1 節　施設の概要　46
　　　　　　　1．入所理由・利用者の状況／2．乳児院の役割
　　　　第 2 節　事例から　49
　　　　　　　1．事例（1）知的障がいのある母親とAちゃんの家庭引き取りに向けた支援／2．事例（1）のコメント／3．事例（2）地域資源としての家庭支援／4．事例（2）のコメント
　　　　第 3 節　おわりに　55

第 6 章　児童養護施設におけるソーシャルワーク　56
　　　　第 1 節　施設の概要　56
　　　　第 2 節　事例から　57
　　　　　　　1．事例（1）発達障害・被虐待であるAさんの自立支援／2．事例（1）のコメント／3．事例（2）苦情解決のかかわりとして／4．事例（2）のコメント
　　　　第 3 節　おわりに　65

目 次

第7章 地域小規模児童養護施設におけるソーシャルワーク　66
　第1節　施設の概要と現状について　66
　第2節　事例から　67
　　　1．事例（1）　地域小規模児童養護施設で措置延長を行い大学進学したA男／2．事例（2）　家族再統合が見込めず卒園までに生い立ちの整理を行ったB子
　第3節　事例（1），（2）のコメント　71
　第4節　おわりに　73

第8章 退所児童等アフターケア事業とソーシャルワーク　75
　第1節　事業の概要　75
　　　1．支援の基本方針／2．事業の内容
　第2節　事例から　76
　　　1．事例（1）　発達障害が疑われる未成年Aさんの出産と施設出身者同士の子育て支援／2．事例（1）のコメント／3．事例（2）　退園後，社会不適応（ひきこもり気味）を示す青年Bくんが就労するまでの支援／4．事例（2）のコメント
　第3節　おわりに　81

第9章 児童心理治療施設におけるソーシャルワーク　83
　第1節　施設種別の概要　83
　第2節　事例から　84
　　　1．事例（1）　家族再統合と中学校への復帰に向けたA男と家族の支援／2．事例（1）のコメント／3．事例（2）　地域を巻き込んだB男と家族の支援／4．事例（2）のコメント
　第3節　おわりに　88

第10章 自立援助ホームにおけるソーシャルワーク　90
　第1節　自立援助ホームの概要　90
　第2節　事例から　91
　　　1．事例（1）　発達障がいのあるA男の自立支援／2．事例（1）のコメント／3．事例（2）　性的虐待を受けたB子の支援／4．事例（2）のコメント
　第3節　おわりに　97

目　次

- 第11章　分園型小規模グループケアと里親支援におけるソーシャルワーク　98
  - 第1節　児童養護施設の分園型小規模グループケア　98
  - 第2節　里子支援の活動　99
    - 1. 里子デイ活動の取り組み／2. 里子デイ活動に期待される効果／3. 里子デイ活動へのコメント
  - 第3節　里親子支援の実践事例　101
    - 1. 事例　高校中退後，関係性が悪化した里親子への支援／2. 事例のコメント
  - 第4節　おわりに　105

- 第12章　社会的養護にかかわる当事者団体のソーシャルワーク活動　107
  - 第1節　施設からの巣立ち―不安・不信を抱えたまま，先のみえない社会へ―　107
  - 第2節　当事者活動の現状　108
  - 第3節　「サポートセンターA」設立の経緯　108
  - 第4節　「サポートセンターA」の活動内容　109
  - 第5節　NPO活動の意義　112
  - 第6節　今後の課題　112
  - 第7節　おわりに　113

- 第13章　児童養護施設と学校をつなぐソーシャルワークの展開　114
  - 第1節　施設種別の概要　114
    - 1. 児童養護施設と入所児童の特徴／2. 施設入所児童が抱える学校生活の問題／3. スクールソーシャルワーカーとの関係
  - 第2節　現場での実践事例　117
    - 1. 事例（1）　学校での問題行動が多発するA子／2. 事例（1）のコメント／3. 事例（2）　衝動性が高く暴力的なB男への支援／4. 事例（2）のコメント
  - 第3節　おわりに　122

第3部　学校におけるソーシャルワークの展開　123

- 第14章　小学校における不登校児童へのスクールソーシャルワーカーの支援　124
  - 第1節　小学校における不登校問題の概要　124

目　次

　　　　　　　1．小学校での不登校の現状／2．スクールソーシャルワーカーに期待される不登校への支援
　　第2節　事例から　126
　　　　　　　1．朝起きられない小学5年生サチコの支援事例／2．事例へのコメント
　　第3節　小学校での不登校支援のポイント　130
　　　　　　　1．子どもの取り組みやすい問題への支援から始める／2．教員の負担に対する支援
　　第4節　おわりに　132

第15章　中学校における不登校児童へのスクールソーシャルワーカーの支援　133
　　第1節　子どもの状況とスクールソーシャルワーカーの役割　133
　　　　　　　1．子どもが感じる困難さ／2．子どもを取り巻く複雑な環境／3．空間と時間のなかでのつながり形成
　　第2節　事例から　138
　　　　　　　1．事例　登校への不安が強いカナの家庭を含めた支援／2．事例のコメント
　　第3節　おわりに　141

第16章　発達障がいのある児童へのスクールソーシャルワーカーの支援　142
　　第1節　発達障がいを取り巻く現状　142
　　　　　　　1．学校現場における発達障がい／2．スクールソーシャルワーカーに期待される役割
　　第2節　事例から　143
　　　　　　　1．学校で暴言暴力が続くA男への環境調整／2．初期のアセスメントおよびプランニング／3．プランの実行と考察／4．事例のコメント
　　第3節　おわりに　150

第17章　貧困児童の問題とスクールソーシャルワーカー　151
　　第1節　貧困児童の現状とスクールソーシャルワーカーへの期待　151
　　第2節　事例から　152
　　　　　　　1．事例　こだわりの強い男児Aへの支援／2．アセスメントとプランニング
　　第3節　叔母を含めたケース会議　155
　　　　　　　1．事例後半の展開——再アセスメントとプランニング／2．終結
　　第4節　おわりに　160

目　次

第18章　児童虐待問題とスクールソーシャルワーカー　162

第1節　児童虐待の早期発見と通告義務　162

第2節　児童虐待問題においてスクールソーシャルワーカーに期待されていること　162

1. 児童虐待通告件数の増加／2. 児童虐待問題と学校の役割／3. 子どもたちの抱える問題とスクールソーシャルワーカーの役割／4. 児童虐待に関するスクールソーシャルワーカーの活動

第3節　事例から　165

1. 事例　学校でよくウソをつき，校外で触法行為を行った小学生K斗／2. 事例の考察／3. 事例の取り組みの展開に向けて／4. 事例対応のまとめ

第4節　おわりに　170

第19章　多文化背景をもつ子どもへのスクールソーシャルワーカーのかかわり　172

第1節　日本における多文化背景をもつ人たち　172

1. 基本事項／2. スクールソーシャルワーカーが把握すべき事柄

第2節　事例と考察　176

1. 学用品等／2. 多文化共生を意識する

第3節　スクールソーシャルワーカーの意識を高めるために　181

1. 日々に行うこと／2. あらためて学ぶこと／3. 学校と協力をすること

第4節　おわりに　183

第20章　高校生への自立支援とスクールソーシャルワーカー　184

第1節　高校ならではの問題とスクールソーシャルワーカーに期待されること　184

第2節　事例から　186

1. 事例　家計を支える高校生／2. 事例のポイント

第3節　おわりに　192

資料1　ソーシャルワークのグローバル定義・日本社会福祉会「倫理綱領」における「価値と原則」・スクールソーシャルワークのガイドライン（抜粋）　195

資料2　参考文献等一覧　197

引用（参考）文献　199

あとがき

第1部

児童・家庭福祉とソーシャルワーク

　第1部では，第2部と第3部につながる総論として，児童家庭ソーシャルワークの基本概念や構造およびそこでの社会福祉士等の役割の現状と課題を概観した。

　児童家庭ソーシャルワークの枠組みとして，乳児院や児童養護施設等といった児童福祉施設でのそれだけでなく，学校現場におけるスクールソーシャルワークにも焦点を当てて児童家庭ソーシャルワークの課題と展望について広く論じている。

児童・家庭福祉分野におけるソーシャルワーク

第1節　児童家庭ソーシャルワークの必要性

　2016（平成28）年6月，児童福祉法の「総則」等が改正されたことは「まえがき」で述べた通りである。この改正に対しては，「児童の健全育成の責任を公的なものではなく家庭にその責任を転嫁するものだ」としての批判もあるが（田村，2006），児童と家庭をとり巻く状況がそれだけ深刻であり，児童・家庭福祉分野で働くソーシャルワーカーに求められる役割と責任がますます大きくなってきていることを意味することに異論はないであろう。

　児童家庭ソーシャルワークをどのように定義づけるかは次節の検討課題であるが，児童・家庭福祉分野で個別的な社会（福祉）的支援を必要とする今日的背景には，「まえがき」でもふれたように，近年では虐待問題やその背景にある貧困児童の増加問題だけではなく，表1-1の保育施設の状況や，表1-2の小・中学校等での「問題行動」事例などにみられるようにさまざまなものがある。表1-1に関連しては，狭義の「障害児」保育には該当しないが，発達障がい等のあるいわゆる「気になる子」の保育施設での在籍率は10％にも達していることが明らかにされており[1]，さらに絶対的な児童数は減少しているにもかかわらず，表1-2にみられるように近年の小・中学校での暴力件数，いじめ，不登校件数は増加の一途をたどっている。また，表にはないが，いじめ自殺やいじめ暴力事件等への対応の必要性が学校におけるスクールソーシャルワーカー配置の強化につながっ

表1-1　公・私立保育施設等での特別な支援を要する児童や家庭の割合（公・私立合計平均）

a．生活面・精神面などで支援の必要な家庭あり＝61.5％，平均3.2ケース
b．障害児保育の実施率＝74.8％　（公営は83.6％），平均2.4人 　　＊障害児保育の加算の対象外のいわゆるボーダーライン上の子どもがいる率は84.3％。
c．保育所で虐待の疑い家庭あり＝28.7％，平均1.7ケース

全国保育協議会「全国実態調査報告書　2011」，平成24年9月より作成

表1-2　小・中学校での「問題行動」等の発生件数

①暴力行為件数＝50258件（前年度比，3103件増加）
②いじめ認知件数＝210612件（前年度比，34907件増）
③不登校件数＝126009件（前年度比，3112件増加）

文部科学省「平成27年度　児童生徒の問題行動等生徒指導上の諸問題に関する調査」（速報値），平成28年10月

ていることは周知の通りである。

　改正「児童福祉法」の第3条は，児童福祉法が教育や司法分野も含めて基本原理として機能し尊重されることや，社会的養護の体制強化を求めており，こうした問題に直接対応すべき立場の児童家庭ソーシャルワーカーの役割はますます大きくなっている。以下，本章では本書の全体を鳥瞰する意味で，「児童家庭ソーシャルワーク」の概念とその特質，実践や養成の課題等を考えていきたい。

第2節　児童家庭ソーシャルワークの定義とその特徴

1．児童家庭ソーシャルワークの概念

　児童・家庭福祉領域のソーシャルワークの概念を考えるには，「児童・家庭福祉」の定義及び「ソーシャルワーク」の定義の検討が必要となる。児童・家庭福祉の定義については，筆者は大学等で児童・家庭福祉論を講じて30年余が経過するが，これまで一貫して「すべての児童が所有すると考えられる基本的人権の社会的，法的承認」と簡単にまとめて考えて説明してきた（櫻井，2016）。ここでの基本的人権の柱となる具体的内容は，児童という特性に関連した「成長・発達の権利」と「家庭（的）養育を受ける権利」保障の2点である。こうした権利の重要性については，改正児童福祉法はもとより，「子どもの権利条約」でも，第5条〜6条，9〜10条，18〜21条，23条，25条，27〜29条等々で強調されていることは周知の通りである。

　一方，一般にソーシャルワークとは，「生きる上で自力では解決できない何らかの生活課題を抱えた人の相談に応じ，その緩和や解決のために，ソーシャルワーカー等により社会的な諸資源を利用して，その問題の解決をめざして行われる諸過程」と考えられ，ソーシャルワーカーとは，「生活課題のある人の課題の緩和や・解決を手伝うこと，またその人を取り巻く環境にも目を向けて，必要があ

ればその周辺の変化に取り組む専門職」と考えられているものである（木下・藤田，2015）。別の表現をすれば，人とその人が必要とする社会資源をつなぐ人がソーシャルワーカーであると考えることもできよう。

しかし，こうしたどちらかというと事後対応的な定義は，本書末の資料1に掲げた「ソーシャルワーク専門職のグローバル定義（2014年）」や日本社会福祉士会の「倫理綱領」にみられるような「人権や社会正義」の実現という福祉概念からはやや乖離があるように思われる。というのは具体的には，児童・家庭福祉分野の定義に関しては，必ずしも「困難」な生活環境下に置かれた児童だけではない，少子時代に生きるすべての児童の「健全育成（自立支援）」という「未来」志向的な教育的支援の側面が「人権」の中身として本来は重視されるべきことだからである。

筆者は，児童・家庭福祉に業務として携わる者の究極の仕事の目標は，「児童やその家庭に生きる希望を与え，さらによりよく生きる勇気の基礎を培う」ことであると考えている。そのため，児童家庭ソーシャルワーカーについては，その役割（機能）を，図1-1のように簡単にまとめて考えている。ここでの「人格を育てる役割（機能）」が，主として子どもの「成長・発達の権利」の保障に対応するものであり，「人格（生活）を支える役割（機能）」は，先に述べた子どもの「家庭（的）養育を受ける権利」，生活保障の権利に対応している概念である。それらの両者の機能を，「自己実現（自立助長）の促進＝well・being」という概念で統一的・総合的にまとめ促進・支援することがワーカーの役割なのである。

もちろんこの2つの役割の比重は，児童の置かれた家庭環境や年齢等により変わるものであることは当然であり，大きなねらいとしての「自立助長」は他の分野のソーシャルワークと変わるものではない。しかし，そのベースには共通して児童期の特性を考慮した「人格を育てる役割」＝成長・発達（教育）機能の重視ということが求められるのが児童家庭ソーシャルワークの大きな特徴なのである。

図1-1　児童家庭ソーシャルワーカーの役割（櫻井，2016）

2．児童・家庭福祉分野でのソーシャルワークの成立（構成）要素

　実際に児童家庭ソーシャルワークに関して，本書の2部および3部の事例等も参考にして考えると，その成立（構成）要素には図1-2に示したように2つの要素がほぼ共通してあるように思える。その2つの要素とは，保護者と社会福祉士や保育士等の児童福祉専門職により原則として協働で策定された，①「個別的な（短期・中期・長期）の自立支援計画」と，②「地域の関係者や施設，各種専門機関等による支援のためのネットワーク」の存在である（櫻井，2015を一部修正）。

　つまり，児童家庭ソーシャルワークとは，「児童の自己実現を目的に，原則として保護者等と共に策定した個別的な自立支援計画に基づき，その目標達成のために児童福祉にかかわる専門機関やその職員等により，家庭や地域社会，学校等と連携・協働したネットワークにより得られた諸資源や関係を利用，動員し，家庭や施設，学校等で行われる総合的な支援の過程である」と定義づけられるものである。

　しかし，こうした「定義」は，あまりにもあたりまえの現象的なたんなる「まとめ」にすぎないとする批判は当然である。これまでの多くの研究者による膨大な蓄積のある「ソーシャルワーク」理論で扱われてきた援助技術体系やアプローチ理論，マネジメント理論やネットワーク理論，さらにはその果たす諸機能等々との関連がまったく説明されていないからである。しかしその反面，本書のようにその概念を一般化し，現に行われている現場職員の実践の意味を肯定的に整理し，再評価・理解しようとする立場をとるのであれば，むしろ簡単で理解しやすいものであることに逆に意味があるようにも思える[2]。

　もちろんそうであっても，施設での実践事例には，ネットワークをほとんど必要としない「施設（自己）完結」型のものもあるし，明確に策定された「自立支援計画」がないまま試行錯誤的に進められるものもある。さらにいえば，「保育

図1-2　児童・家庭福祉分野でのソーシャルワークの構成要素（櫻井，2016）

第Ⅰ部　児童・家庭福祉とソーシャルワーク

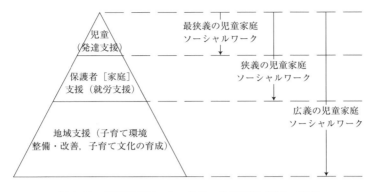

図 1-3　児童家庭ソーシャルワークの構造（櫻井，2016）

ソーシャルワーク」とよばれるものに典型的であるが，その実践が，そもそも「ソーシャルワーク」であるという自覚がないままに試行錯誤的に行われているものも数多い（櫻井，2016）。なぜならば，保育所あるいは地域子育て支援センターなどでは，「個別的な自立支援計画」の策定はあまりにもあたりまえの日々の活動そのものであり，また，個別的な配慮を要する児童へのかかわりについては，（いやでも）必要に応じて他の専門機関等と連携・協働で進めていることだからである[3]。

　ところで，こうした児童・家庭福祉分野での「ソーシャルワーク」の階層構造を，児童家庭ソーシャルワーカーのはたらきかけの対象との関係で考えると，児童とその家庭，さらにはその生活基盤である地域社会とを構造化した図1-3のように整理することが可能である。一見すると，一般にいわれる「地域子育て支援（家族支援）」あるいは「児童健全育成」概念の構造と同じものである。しかし，図の意味を児童家庭ソーシャルワーカーの立場から理解するとやや異なるように思われる。図は，児童や家庭は地域社会からの影響を受け生活しているので，その結果，発達課題や生活課題が生じ，その解決をはかろうとする時には，①環境（関係）とその人自身への働きかけを同時に行うことが必要であること，また，②公的支援だけでなく，地域社会のインフォーマルなネットワークによる協力も広く必要なものとなること，③そうした多様な関係や資源を作り出すために，必要に応じ地域の子育て環境の改善や子育て文化の形成にまでかかわるソーシャルアクションも強く期待される，というような児童家庭のソーシャルワークの固有の3

点の課題が示唆されるのである。

第3節　児童家庭ソーシャルワークの特色とその担い手

1. 児童家庭ソーシャルワーク展開の特徴と他分野との違い

　ソーシャルワークが，分野を問わず広く「自立支援」＝自己実現ということを目的とすることは児童家庭ソーシャルワークも同様である。その一般的な流れも①インテーク面接→②アセスメント＝事前評価（調査，診断，諸準備）→③プランニング（支援計画）→④介入・処遇（心理療法も含む支援開始，処遇，経過観察）→⑤評価（中間または終結，再支援）と表1-3のように進むものであることも共通している。

　しかし，対象が児童であるという特性から，他の福祉分野との大きな相違点もある。まず前提として，ワーカーの資質要件には何よりも子どもの発達に関する十分な知識や経験を有する者であること，その支援の前提として児童の生育基盤である家庭（保護者）との緊密な連携・協力等がきちんとできる者でなければならないことなどが求められる。さらに詳細に上述のソーシャルワークの流れとの関連をみると，成人の場合とは異なる4点の大きな特徴（相違点）がみられる。

　その第一の特徴は，児童家庭ソーシャルワークは，ソーシャルワークの開始（インテーク含む）が，通常は自分の意志で行われる成人の場合と異なり，ある時点で保護者や施設職員，教師などの周囲の大人が，その「特異性」や「課題」に気づくことから始まるという特徴がみられることである。当たり前のことであるが，低年齢児童が自分の生活問題や心の葛藤について，自らそれを外部の人間に意識

表1-3　ソーシャルワークの流れ（櫻井，2016　70頁を一部修正）

```
①インテーク面接
　　↓　問題の受理・発見，主担当者の決定等（担当チームの結成）
②アセスメント（調査，診断，諸準備）
　　↓　保護者との面接，情報収集，記録作成，チーム会議の開催
③プランニング（計画と処遇過程）
　　↓　保護者との協議，関連機関との相談，役割分担，「自立支援計画」等の作成と実施
④処遇・モニタリング（心理療法も含む支援開始，経過観察）
　　↓　（再アセスメント）
⑤評価（終結または再支援）
```

して発信したり，診断のために専門機関等を来訪することはあり得ないからである。そのため職員側からの当該児童の問題に対しての「気づき」があることが児童家庭ソーシャルワークの開始に必要とされる。逆にいえば「気づき」の有無自体が職員（施設等）の専門性を判断する指標になるのである。

　第二の特徴には，児童家庭ソーシャルワークでは，多くの場合アセスメントに必要な資料や情報の収集は，（職権で得られるものではなく）職員自身の注意深い日常の生活場面での観察記録や職員間の検討会等による情報収集が基本になるということがある。そのため，いわゆる「気になる子」や「ネグレクト」対応などのケースでは，「職員（保育士）は気にしている」が「保護者は気にしていない」あるいは「拒否する」ことも多いため，問題状況の改善以前のところで，保護者にその課題を理解してもらうための努力や時間が必要となる。そのためにも，日頃の職員と保護者との信頼関係の有無が重要となるのである。

　第三の特徴には，プランニングや介入・処遇，モニタリングにあたっては，対象が子どもであるということから，言葉によるカウンセリング等には限界があるため具体的に実施できる方法や内容が限られるということがある。またその処遇（問題解決のための指導）は，通常の生活場面での自然な関係，環境の下で行われることが多く，その支援内容や方法も必ずしも意図的な心理療法的なものだけには限らないという特徴もある。特に社会性やコミュニケーション等に課題を抱えた児童へのはたらきかけは，特別な療育では「般化（汎化）」がむずかしい場合も多いため，そうした日常生活や一般集団のなかで自然に得られたなものであるほうが望ましいことは周知の通りである。

　第四の特徴には，ケースの一般的な終結が，「家族の再統合」で終結という場合ももちろんあるが，児童家庭ソーシャルワークでは何らかの「成長発達」支援が具体的課題である場合が多いので，終了時点が本来的に明瞭ではないということがある。とりわけ障がいのある児童のケースでは，乳幼児期のみならず，就学期や時には就労や生涯を見通した長期の支援・かかわりが必要になる。また，本書中の事例の多くにみられるように家庭が「崩壊」しているような多問題家庭の場合には，支援は家族全体を視野に入れた多面的なアプローチが前提とされる構造的特徴を有するものである。いずれにせよ児童だけでなく，その家庭をも含めた長期的な自立支援が，他の専門機関等の力も借りながら必要になることが多いのである。

2．児童家庭ソーシャルワーカーの現状

　児童家庭ソーシャルワーカーに占める社会福祉士や精神保健福祉士等の有資格者がどの程度の割合であるかは，第2章に示されている通りである。その絶対数は増えつつあるが，まだ現状では他分野に比較してかなり低いといわざるを得ない。児童福祉施設で働く者は，保育士も含めて本来は児童福祉法に規定されている施設である以上，児童福祉の実現を業務とする専門職員であるはずであるが，その自覚も含め現状は課題が多すぎるようである[4]。

　「自覚されていない」という最大の弊害は，職員は当該児童や保護者に対して地域のあらゆる諸資源を動員して，児童や家庭に対し最善の支援や環境の改善を行う義務があるという意識が薄くなり，その結果，次にはその対応が限られた，時には恣意的なものになりかねないという問題につながる恐れがあるということである。そうした一例としては，「気になる子」に対して，とりあえずの「様子見」等に終始して適切な早期発見，早期支援（かかわり）の時期を失してしまい，二次的な大きな障がいを再生産してしまうというような例があげられよう。

　「理論と実践」の循環的関係は分野を問わないソーシャルワーク全体の課題であるが，児童家庭福祉の領域では，多忙かつ相対的に勤務年数の少ない職員が多いことと相俟って，現場実践の「実践（経験）知」すら必ずしも関係者間で共有されていかないという現実的な課題に結びつくのである[5]。

　こうした現状の改善のために，考えられる最初に行うべきことは，ソーシャルワーク視点強化での児童福祉施設職員や保育士等の養成課程の根本的な見直しであると思われる。しかし，残念ながら社会福祉士養成カリキュラムや保育士養成課程の見直しにあたり，そうした視点は現状ではほとんど見受けられないようである[6]。社会福祉士養成に関してはソーシャルワーク教育団体連絡協議会等で実習時間の増加が検討されているが，その場合でも，実習生の「相談・援助」場面への参加（同席等）は，「個人情報保護」の壁等に遮られ，現状では時間を増加しても「相談・助言」能力の向上という質的効果は限定されたものとならざるを得ないと推測される。

　当面の現実的な対応として，現場職員を対象にしたソーシャルワーク教育の専門研修，再教育が有効と考えられるが，人手不足が深刻な多くの児童・家庭福祉施設，とりわけ「ファミリーソーシャルワーカー」などの専門職が置かれていな

い多くの児童福祉施設では，研修への参加すら時間的にも厳しい状況もある。現状での求められるソーシャルワーク機能は，実際のところ他の機関との情報交換やつながりの必要性から施設長や主任級職員を中心になんとか対応しているところが多いと推測されるが，今日これだけ児童・家庭福祉領域の課題が深刻化，複雑化していることに対してはあまりにも弱い組織・研修体制である。改正児童福祉法の実をあげるためにも，「児童福祉施設の設備及び運営に関する基準」の改定等により，すべての児童家庭福祉施設にソーシャルワーク機能を担保する専門組織（職員配置）の仕組みが一日も早くつくられることが強く求められよう。

第4節　これからの児童家庭ソーシャルワーカー

　児童・家庭福祉施設や専門機関にかかわる職種は多様であり，求められる専門性（知識・技術・価値理念）にもかなりの相違がある。そのため多くの施設や業界では初任者研修を皮切りに，施設種別ごとに質の向上を目指してさまざま専門研修が年間を通して組まれている。しかし近年，分野別の専門研修とは別に，新たな業界分野別の資格者養成も一部で始まっている。そうした例としては，これまでもスクールソーシャルワーカーや医療保育士などが知られているが，それらに加えて，2015（平成27）年度からは国レベルでの放課後児童支援員（学童保育指導員）の養成も開始され，保育所の分野でも2016年度からは民間学会によりそのワーカー養成の初級講座が開始されたことなどをあげられる[7]。

　こうした施設種別ごとの「専門有資格者」養成の意義ももちろん大きいが，児童の基本的人権を守り，自己実現や家庭復帰を支援するという児童家庭ソーシャルワーカーとしての大きな目標は分野を問わず共通とされるべきものである。そのためにも施設種別を超え，社会福祉士，精神保健福祉士，保育士など児童・家庭福祉にかかわる国家資格の有資格者，現場職員を主な当面の対象者として，基盤となる「児童家庭ソーシャルワーカー」養成のための実践的，体系的かつ組織的な養成・研修体系が一日も早く開始されることが望まれる。ちなみにそこでの演習テキストとしては，2016（平成28）年6月のわが国での児童福祉法の総則の改正により，その第一条に「子どもの権利条約の精神に則り」という文言が盛り込まれたことにも対応している意味からも，国際ソーシャルワーカー連盟が編集した『子どもの権利条約研修マニュアル（2004年）』は，基本とされるべき内容

を備えた一冊と思われる[8]。

「子どもの権利」の確立のためには，関係者の現場実践の支えとなるアプローチ理論とマネジメント理論も含めた福祉視点の明確な「児童家庭ソーシャルワーク」理論と，「ワーカー」養成のための分かりやすい実践的『テキスト』が一日も早く作成されることが求められている[9]。

注

1) 保育所でのいわゆる「気になる子」の現状については，拙稿「保育所での「気になる子」の現状と「子ども・子育て支援新制度」の課題」『文教大学生活科学研究所紀要　第37集』，2015年3月，56頁を参照のこと。
2) 筆者自身は，2010年度からの公立保育所トップセミナー（全国保育協議会主催）で，「保育ソーシャルワーク」の言葉を使用して以来，ほぼ毎年のその研修会でその必要性についてふれてきた。また，2016年の10月にはそうしたテーマでY市で研修する機会を得たが，そこに参加した110人ほどの多くの人から，終了後の感想文で「保育ソーシャルワークは自分たちがふだん何気なく行っていることだと再認識した，保護者と協働して行うべき必然性が再確認できた」といった評価をいただいた。
3) 厚生労働省編『保育所保育指針　解説書』184頁では「保育所や保育士はソーシャルワークを中心的に担う専門機関や専門職ではない」とされている。しかし，その必要性については同書の別の部分ではふれられており，厚生労働省自身に統一性はない。保育所での「ソーシャルワーク」概念はまだはっきりしていない。
4) たとえば，全国保育協議会編『公立保育所の強みを活かした「アクション」実践事例集』，2015年6月には22の事例が収拾されているが，そのうちの多くの事例は，図1-2に関連させて考えれば広く「ソーシャルワーク」事例として評価してよい内容である。しかし関係者ではほとんど意識されていないのである。
5) たとえば，岡本民雄監修，平塚良子他編『ソーシャルワークの理論と実践をめざして』中央法規出版，2016年10月をみても，児童家庭福祉分野の現場実践事例が「経験値と理論の活用」例としては取り上げられていないように，児童家庭福祉分野のソーシャルワークの実践の理論化は遅れているのが現状である。
6) 田島望「保育士養成課程におけるソーシャルワーク教育　―子育て支援における実践の把握を通しての考察―」日本保育ソーシャルワーク学会編『保育ソーシャルワーク学研究』第1号（創刊号），2015年11月参照。田島は地域子育て支援センター拠点事業の現状を参考に，保育士養成課程の保育実習に支援センターでの保護者支援の内容を盛り込むことは可能ではないかと具体的な提案をしている。筆者も同感である。
7) こうした最近の業界ごとの専門職養成の動向については，拙稿「「保育ソーシャルワーク」の成立とその展望―「気になる子」等への支援に関連して―」『文教大学生活科学研究所紀要　第38集』，2016年3月，38～41頁を参照のこと。
8) 国際ソーシャルワーカー連盟編著，日本社会福祉士会国際委員会訳『ソーシャルワークと子どもの権利・「国連子どもの権利条約研修マニュアル」』筒井書房，2004年9月。
9) ソーシャルワークに関する研究書は多いが，多くの『社会福祉士養成テキスト』や日本ソーシャルワーカー協会主催の「JASWソーシャルワーカー（初級）養成講座　―講義資料―」（2016）も含め，いまだにその内容は精神医学や心理臨床的な影響が強すぎるように感じる。たとえば，福祉施設現場ではサービスの利用者を，職員たちは「利用者（さん）」と呼ぶ言い方が今日では一般的と思われるが，それらの書籍のなかにはいまだに「クライエント」という（筆者には「上から目線」に感ずる）語句を使用してソーシャルワーク概念を説明しているものも多い。ちなみに施設で生活する児童も「クライエント」なのであろうか，筆者には理解できない違和感がある。
誰でもわかる平易な言葉で，かつ理解しやすい児童家庭福祉のソーシャルワークの「標準テキスト」を開発することが必要に思われる。ちなみに新設された公認心理師法ではクライエントではなく「心理に関する支援を要する者」という表現である。

第2章 社会福祉士等による児童・家庭福祉領域におけるソーシャルワーク

第1節 児童福祉施設における社会福祉士等の活動の現状と課題

1. 児童福祉施設と社会福祉士

　児童福祉施設における社会福祉士の配置状況は，厚生労働省で毎年実施している「社会福祉施設等調査報告」をもとにまとめると下記の表2-1の通りである。

　表をみてわかるように，指導員職に占める社会福祉士の割合はすべて10%台であり，現状では極めて少ない。1987（昭和62）年に社会福祉士及び介護福祉士法が制定されて，30年が経とうとするが，児童福祉施設においてソーシャルワークを推進する者が乏しいという意味でもある。指導員職への社会福祉士の配置や児童家庭ソーシャルワークの推進を抜きに，児童家庭福祉の諸問題を取り扱うことはもはや困難なのである。

　そうしたことの必要性の一例をあげるならば，現在，都道府県において「家庭的養護推進計画」が策定されている。これは，2011（平成23）年7月にまとめられた「社会的養護の課題と将来像」に掲げられた目標の実現に向け，社会的養護

表2-1　主な児童福祉施設の常勤の社会福祉士数

	乳児院	母子生活支援施設	児童養護施設	障害児入所施設（福祉型）	障害児入所施設（医療型）	児童心理治療施設	児童自立支援施設
施設数	134	235	609	267	200	40	58
指導員職	267	140	5901	1951	1106	355	967
（うち社会福祉士）	(45)	(26)	(770)	(281)	(128)	(55)	(156)
割合（％）	17	19	13	14	12	15	16

2015（平成27）年10月1日現在のデータである。
・施設数は，基本票の社会福祉施設等数のデータを用いている。　・生活・児童指導員，児童自立支援専門員等を指導員職としてまとめて捉えている。　・常勤換算従事者数は，詳細票の調査を実施していない施設を除く。　・社会福祉士数を調査していない施設は除く。　・割合に関しては，小数点以下第1位を四捨五入している。

を必要とする児童の養育環境の質を向上させるために，児童養護施設等の小規模化や地域分散化，里親・ファミリーホームの推進を具体的かつ計画的に推進するための15年間の計画である。「社会的養護の課題と将来像」においては，「施設のソーシャルワーク機能を高め，施設を地域の社会的養護の拠点とし，これらの家族支援，地域支援の充実を図っていくことが重要である」と述べられている。

　つまり，児童福祉施設におけるソーシャルワーク機能がよりいっそう求められており，その理論化や体系化は実践現場にとっても喫緊の課題なのである。しかしながら，児童福祉施設におけるソーシャルワークは必要とされているものの，それに関する文献数は意外に少ない現状がある[1]。その現状と課題を整理することも含め，社会福祉士等の立場から自らのアイデンティティの形成にも深くかかわることとして，児童福祉施設におけるソーシャルワーク実践を検討しておきたい。

2．児童福祉施設のソーシャルワークからみた現代的役割

　児童福祉施設は歴史的に長らく「保護」のパラダイムのなかにいた。戦災孤児に顕著にみられるように，親がいない児童に対する養育・保護的機能が強く，施設職員の業務として，とりわけ社会的養護を中心的に担っている児童養護施設では，いわゆる保護・指導的なかかわりが中心だったといえる。

　その後，時を経て，1997（平成9）年の児童福祉法改正は大きな転機点となった。つまり，児童養護施設や児童自立支援施設の目的に「自立支援」の文言が新たに追加され，児童養護施設等における自立支援計画の策定が義務づけられたことはソーシャルワークを展開するうえで画期的なことであった。しかし，施設職員の多くは，「保護」から「自立支援」へと意識構造をすぐに転換することができず，従来の経験と勘とコツに依拠したケアワーク中心の業務を遂行するに留まる施設も多かった。

　時代状況も変わり，現在，児童養護施設等では虐待を受けた児童や発達障害がある児童等の入所や一時保護委託が増加傾向で，しかもそのほとんどが親のいる児童である。また，親自身，貧困や養育能力の低下，そして精神疾患といった問題を抱えていたり，地域から孤立していたりしているケースも目立ち，もはや家族が児童のセーフティ・ネットとしてうまく機能していないともいえる[2]。施設内の児童だけでなく，その家族まで視野に入れた幅広い支援が希求されている状

況であるが，多くの施設では目の前の児童の対処療法的な対応しかとれていないのが現状である。実践現場での「家族ソーシャルワーク」視点での専門技法の必要性が唱えられて久しいが，現場は慢性的な人手不足による多忙さ等もあり，いまだに必ずしも望ましい対処がなされていないのである。

　さらに今日，児童福祉施設の多くは，地域住民から「地域の最後のセーフティ・ネット」の役割を求められている。つまり，地域の福祉施設としての自覚と地域の子育て支援のセンター的役割を強く求められているのである[3]。たとえば児童養護施設のショートステイもそうであるが，育児不安や育児困難を抱えた地域の子育て家庭に対する支援・相談は今日的には欠かすことができない。また，地域の里親支援も社会的養護の推進のためには必要不可欠である。まさしくケアマネジメントの視点を有した児童家庭ソーシャルワーカーを核としながら施設が機能していく事柄であるといえる。たんに与えられた業務をこなすことではなく，後述するようにミクロ・メゾ・マクロレベルでの児童家庭ソーシャルワークが必要とされており，職員が意識的・意図的にそれを行うことこそが大切なのである。

　しかしながら，現状において児童家庭ソーシャルワーカーは実践現場に強く必要とされながらも，「児童福祉施設の設備及び運営に関する基準」上，そうした専門職種が十分に置かれていない施設も多く，また，従来の養育・保護的機能（ケアワーク）が業務の前面に出ていることで，ソーシャルワーク機能が背後に押しやられている。そのことで施設現場が児童（家族）や社会のニーズをうまく汲み取れないために対応困難な状況や混乱が生じているともいえるのである。

　このように，児童福祉施設の多くが従来の養育・保護的機能（ケアワーク）から，自立支援のソーシャルワークへとパラダイム転換ができず，今日まで施設職員の多くが自己変革できない状況できたのは驚愕に値する。実践現場において自立支援，家庭支援，地域支援がますます求められている今日，ソーシャルワーク機能はもはや欠かすことができないものである。しかし，本書の第1章でも述べられているように，児童家庭ソーシャルワークは概念規定を含めいまだ統一された見解はない。現場から一歩ずつ地道に多様な実践を理論化・体系化していくことが今求められていることなのである。

第2節　児童福祉施設における社会福祉士等によるソーシャルワークの理論と実際―高知県での実践を参考に―

　ここで，筆者の10年にわたる児童養護施設と家庭支援専門相談員（ファミリーソーシャルワーカー）としての実践経験をもとに，ソーシャルワークの理論の一端に簡単ではあるが実際にふれておきたい。筆者は社会福祉系大学院（修士課程）を修了後，社会福祉士資格をもって児童養護施設に就職し，その後も一貫して社会福祉士の専門性やソーシャルワークについて探究してきた者である。

1．児童養護施設と児童相談所との連携を通して

　筆者の勤務する施設とその所在地である高知県での児童相談所との連携例をあげる。高知県では2012（平成24）年度から児童養護施設と児童相談所との事例検討会を行っている（県内7施設に対して，それぞれ年間2～3回実施）。目的は児童養護施設と児童相談所との連携の促進である。具体的には，援助困難事例や将来困難が予測される事例について，児童養護施設職員と児童相談所職員が在園児童に必要な自立支援のあり方を合同で検討している。

　こうした検討会は他県でも行われていると思われるが，検討会を続けると，ケースに対する多様なものの見方があることに気づかされ，情報の共有化が図られてくるメリットがある。この共有化された情報をいかに見立て，現場で具体的に活用していくのかがソーシャルワークの実践課題でもある。

　こうした連携の効果として，当園から度重なる非行がもとで児童自立支援施設に措置変更になった中3男子だが，ケース検討会（毎月1～2回で年間16回実施。中学校・警察署・少年補導センター・児童相談所・児童自立支援施設・当園）を重ねながら関係機関が継続的な支援を行うことで，定時制高校に合格し，中学卒業後に家族再統合になった例をあげることができる。関係機関がそれぞれの機能や役割を理解し合うことで，芽生えてきた個々の信頼関係を前提に，共有化した情報を見立て，ケアマネジメントの視点で役割分担することで協働できた事例である。制度上の「措置する」「措置される」関係のみではない，同じ土俵に立って児童や家族の支援にあたる姿勢が大切なのである。児童の意見や思いを身近で汲み取り，生活状況を最も把握しやすい立場にいる施設職員がケアマネジメントを行うことができれば，ソーシャルワークとしての協働実践の糸口にもなるだろ

表2-2　サポートケアの実施計画

第1回（5月頃）	児童と担当児童福祉司 ・児童全員と個別面談（子どもの権利ノートを活用）
第2回（6月頃）	担当職員と担当児童福祉司，各市町村の児童家庭相談担当者 ・自立支援計画をもとに協議
第3回（1月頃）	特に必要性がある児童と担当児童福祉司 ・進学や就職等で検討が必要なケース ・家族再統合や施設内や学校，地域等で問題行動があるケース

う[4]。

　また，児童相談所は県内の児童養護施設に対して，年間3回のサポートケアを行っている（表2-2）。年間3回は，多くはないが，情報共有化とその後の支援を図るうえでの大切な機会になっている。情報共有は形式的な情報交換ではない。一方向ではなく双方向で最新の情報を確認し合い，出された最新の情報の共有を図ることが重要なのである。情報交換による情報共有はあくまで問題解決の手段であり，支援の前提なのである。

　具体的なサポートの流れは，第1回サポートケアまでに施設職員が児童全員の自立支援計画を作成し，具体的な支援を開始する。児童家庭ソーシャルワークにとって自立支援計画は中軸であり，ケアマネジメントの考え方にも基づいている。自立支援計画にそってソーシャルワークが展開されていくが，その際に児童の本音を聴き，ニーズを把握し，そのための方策を職員全体で共有していく過程も大切である。当然，丁寧なアセスメントも必要となるが，その際，日常生活においてはソーシャルワークの技法である生活場面面接が有効である。いわゆる心理療法室や相談室のみでなく，日常生活場面（居室，リビング，廊下，園庭等）を意図的かつ積極的に活用することで，児童のニーズ把握やその解決や緩和，軽減を図る手段として用いるのである。その際は，ストレングスの視点で児童のよさや強みに着目し，エコロジカルな視点で児童と児童を取り巻く環境（家庭や学校，友人関係等）に多角的にアプローチすることが大切である。また，直接の対象が児童（家族）であることから，その支援の過程は児童（家族）の問題処理能力や社会適応能力を高めながら，社会資源の活用や開発，学校，児童相談所，福祉事務所，病院等の関係機関との連携・協働も同時進行的に求められる[5]。

　さらに，第3回サポートケアでは，個別の大きな課題を抱える児童に対して再アセスメントを行い支援のあり方を再検討し，その支援を継続する。こうした流

れの中での自立支援計画の策定は，児童家庭福祉の権利主体者が児童（家族）である以上極めて当然のことであるが，児童や家族の意向に応じたオーダーメイドなもので，ワーカー主導の押しつけや画一的なものであってはならず，児童やその家族が主体的に計画に参画する手立てを講じる必要があろう。そして，担当職員まかせではなく，家庭支援専門相談員や個別対応職員，心理療法担当職員，看護師等専門職員を加えたチームで協議し合いながら策定・実行・モニタリング・評価することも大切である。児童やその家族の課題が複雑かつ多様化する状況において，チームワークによる組織的支援を欠かすことはできないのである。

2．高知県社会福祉士会の活動を通して

　筆者の所属する高知県社会福祉士会において児童・家庭福祉領域で働く社会福祉士は，高齢者や障害者，地域，医療等他領域に比較すると残念ながら非常に少ない。そのため，児童・家庭福祉領域のソーシャルワーカーは個々のレベルで活動しており，同じ会員ではあるものの交流や研修が少ないのが現状であった。こうした状況に筆者は疑問を感じ，会員相互の交流や現場の実践力向上のための研修の機会の必要性を強く感じ，当会の総会等ではたらきかけた結果，高知県社会福祉士会ケアマネジメント委員会児童福祉部会が2008（平成20）年に立ち上がった（なお，児童福祉部会は2012（平成24）年に障害者・子ども家庭支援委員会に継承・発展し，筆者が委員長となった）。活動内容として，会員を中心に児童福祉施設職員や児童相談所職員，教育関係者等に広く呼びかけ，一同が輪になって事例検討中心の研修会を年に4回は開催するようにした。そこには児童・家庭福祉領域以外の関係機関も多くかかわり，自然と顔のみえるネットワークが形成されている。何かあればすぐに連絡・相談をすることができる関係は職能団体の強みでもある。

　また，当会は高知県司法書士会とも連携を密に取り合っており，それを機会に司法書士会青年部の方が児童福祉施設の職員や児童（高校生）に「身近な法律問題」の講義を毎年してくれるようになった。2012年に開催された日本子ども虐待防止学会高知りょうま大会の企画・運営にも準備会の段階から会として参画した。これらの活動の成果は児童の自立支援にも強く結びついており，ソーシャルワークにおける社会資源の活用や開発，ネットワーキングにも深く通底している[6]。

　しかし，今後の課題としては，やはり依然として社会福祉士の専門性の確立と

組織率の低さをあげられる。もちろん，資格が仕事をするのではなく，人が仕事をするのではあるが，資格取得後の職能団体によるキャリアに応じた生涯研修体系や大学等におけるリカレント教育，その前提としての社会福祉士等の養成教育も重要である（堀越，2012）。

そうした要請に応えるため，社会福祉士現場実習も2007（平成19）年の社会福祉士及び介護福祉士法の改正を契機に大幅に内容が変化し，現場の一定の経験ある社会福祉士が実習指導者となって実習生を受け入れるといった体制が2012年から本格的に始まっている[7]。その際，実習指導者が実習生にとって魅力的な専門職としてあるのかどうかは職業選択上の外発的動機づけとして有効だが，実際に就職した場合には，成長や向上心といった内発的動機づけやスーパービジョンの有無，研修の場数などがより重要となる[8]。

第3節　児童福祉施設に求められるソーシャルワーク実践と理論

長らく資格よりは経験と勘とコツが重視されてきた現場実践だが，現状では第1節で述べた通りもはやそれだけでは通用しない状況が広がっている。現場からの実証的な研究の積み重ねが児童・家庭福祉領域に求められているのである。もちろんその基本視点は，児童の権利の確立や処遇改善等のためには現場から社会へ向けて声をあげることである。そのうえで，現場で実際に生起していることや児童の本音を代弁し，理論化を図り，そして現場へフィードバックしていくといった粘り強い連鎖の過程が必要である。

その際，その留意点をあげれば，第一には，何よりも児童の権利擁護という基本的で大切な視点をもっておくことが重要であろう。児童自身が児童の権利を正当に行使できるよう，児童の声なき声を代弁することが施設職員の基本的立場だからである。

第二には，インクルーシブな視点である。虐待を受けたり，障害のある入所児童が増加傾向にあるなか，どの子も個別的かつ多様なニーズをもっている。施設職員として，どの児童も受容することは当然のこととして，児童に対する差別や排除もけっして許さないといった高い人権意識も求められるのである。

第三には，自立支援の観点，つまり，児童福祉法の年齢的制限を超えた将来にわたる経済的，社会的，精神的な自立をいかに長期的・継続的に支援していくの

かといった方法論的な視点も不可欠である。児童福祉法の範疇は基本的に18歳までであるが，その後の児童養護施設や自立援助ホーム等の社会的養護を巣立った児童の自立を余儀なくされた多様な生活課題は切実である。近年，社会的養護の当事者団体や退所児童等アフターケア事業等の取り組みが「自立支援」を目的に全国的な広がりを見せており，注目に値する。

第四には，以下のようなミクロレベル，メゾレベル，マクロレベルでの一般的なソーシャルワーク理論も施設職員としてはおさえておきたいことである。

① **ミクロレベル**

まずは，エコロジカルな視点で物事をみる。目の前の児童の問題行動の背景には生い立ちや家族関係，社会関係等が重なり合っている。目の前の現象のみに囚われず，多角的なパースペクティブに基づく実践がソーシャルワークにつながるのである[9]。実際，問題行動等マイナス面をみがちであるが，ストレングスの視点で児童のよさや強みを知ることが大切で，技法としてのエコマップやジェノグラム（第17章参照）も活用する。また近年，リジリアンス（回復する力）やエンパワーメントの概念も注目されているなか[10]，第1章でも指摘しているように，アセスメントした事柄をベースに自立支援のための計画を作成し，関係機関とのネットワーキングや調整を図りながら社会資源を活用・開発し，児童（家族）に働きかけて課題解決を図る一連の過程がソーシャルワークなのである。

しかしながら，いわゆる「ファミリー・ソーシャルワーク」においては，家族再統合が必ずしもゴールではなく，たとえ細くとも家族とつながりをもち続けることも広義の家族再統合と捉えられる。児童も家族も，適切な距離をとりつつ，将来のことをゆっくり考える時間の確保も必要なのである。一方的にワーカーが家族再統合の時期や方法を決めていくのはよくないといえる。親の生活課題も踏まえた丁寧なアセスメントやきめ細やかな支援，その前提の日常的な信頼関係づくりも欠かすことができないことである。

② **メゾレベル**

ここでは，アドミニストレーションが重要である。理念・方針，人事管理，財務管理等の運営管理機能が十全に発揮してこそソーシャルワークは生きてくるからである。児童家庭ソーシャルワーカーはよくも悪くも組織の一員であることに規定される側面がある。自主性をもって「人権と社会正義」の実現のために主体的に判断し遂行することが専門職として求められるが，実際には組織の構造や機

能，制約等とのバランスで総合的に判断することになりやすい。しかしながら組織の業務をたんにこなすことでなく，専門職として児童（家族）の最善の利益を追求するソーシャルワークを行える環境をいかに整備していくのかが重要課題で，専門職のアイデンティティとも深く通底することである。

③マクロレベル

「ソーシャルアクション」は制度や政策等にはたらきかけるマクロなソーシャルワークである。髙良は，社会福祉士が必要に応じてソーシャル・アクションを実践するためには，主に，①問題および法制度課題の認識，②実践環境の整備，③ソーシャル・アクション方法の体系化，の3点が必要だと述べている（髙良，2013）。ソーシャルワーカーは当然ソーシャルな部分にも目を向けなくてはならず，人と環境の相互作用のなかで問題解決を図っていくことも基本的な立場である。環境を適切に整え，必要であれば新たに社会資源を開発することも求められる。受け身（待ち）の姿勢ではなく，積極的な姿勢，アウトリーチが求められるのである[11]。つまり，事後対応ではなく，児童家庭ソーシャルワーカーは「発達過程」にあるという児童という対象の特殊性に踏まえた，予防的な役割も重要なのである。

第4節　おわりに

　児童家庭ソーシャルワーク実践には，一つの理論ではなく，問題や状況によって諸理論を適宜使い分けるのが必要なことであり，4点の基本的な留意点を述べたが，特に，ミクロ・メゾ・マクロとの連関を構造的に把握するシステム理論等は問題や状況を整理するためにも有効と思われる。

　理論は現場で鍛えられ，現場から理論が生成するという，循環的なサイクルで学問は発展する。児童家庭ソーシャルワーカーは理論にけっして無自覚であってはならないのは当然である。

　しかしながら一方で，実践現場においては，介入や支援を試みてもすぐに解決することは少なく，時に失敗することもあり，「果たしてこれでよかったのか」といった不安や迷いを常に抱えている。その意味で人間を対象とする実践の本質は「ゆらぎ」「戸惑い」「葛藤」等にあるとも考えられ，内省とも深く関係している。内省を行うことにより，実践のもつ意義（視点や方法）に，「理論」とは別に気

づくことがあるからである。内省が次の失敗を防ぎ，理論と深く結びつき，そのレベルを上げるためにも，職場内外のスーパービジョンや研修体系が不可欠であることは付言するまでもないことである。

注
1) 拙稿「児童養護施設におけるレジデンシャル・ソーシャルワークに関する文献レビュー」『高知県立大学紀要 社会福祉学部編』, 2017年, 第66巻, 161～176頁を参照。本論文において, 児童養護施設におけるレジデンシャル・ソーシャルワークの体系化は概念規定を含めいまだに発展途上であることを指摘した。
2) 子ども家庭福祉領域におけるセーフティ・ネットの考え方や今後取り組まれる課題については, 小林理「子どもと家庭のセーフティ・ネットと子育て支援―概念と背景の整理を中心に―」『ソーシャルワーク研究』34（3）, 2008年, 193-201頁を参照。
3) 地域の子育て支援については, 新川泰弘「地域子育て支援拠点における利用頻度と子ども子育て環境との関連性―ファミリーソーシャルワークの視点から―」『子ども家庭福祉学』11, 2011年, 35-43頁を参照。
4) 協働実践については, 鈴木浩之「子ども虐待に伴う不本意な一時保護を経験した保護者の「折り合い」のプロセスと構造―子ども虐待ソーシャルワークにおける「協働関係」の構築―」『社会福祉学』57（2）, 2016年, 1-13頁を参照。本論文では,「保護者と子相における子どもの安全を目標とした『協働』」という子ども虐待における独自のソーシャルワーク領域とその営みがある」と指摘している。
5) 児童養護施設の自立支援計画の策定については, 北川清一「子どもの福祉とソーシャルワーク―児童養護施設における自立支援計画の策定をめぐって―」『ソーシャルワーク研究』25（4）, 2000年, 323-331頁を参照。北川は, 施設養護の過程にケアマネジメントの方法を導入することの可能性についても同論文で検討している。
6) 社会資源を活用したソーシャルワークとしては, 少し古いが, 田中禮子「家族支援とソーシャルワーク―児童ソーシャルワークの社会資源としての家族支援施策―」『ソーシャルワーク研究』20（2）, 1994年, 96-102頁を参照。また, ネットワークを活用したソーシャルワークについては, 日本社会福祉士会編『ネットワークを活用したソーシャルワーク実践―事例から学ぶ「地域」実践力養成テキスト』, 2013年, 中央法規出版を参照。
7) 髙木寛之「社会福祉士養成における実習分野間格差の検証―相談援助実習の教育に含むべき項目の分析を中心に―」『社会福祉士』23, 2016年, 4-11頁を参照。髙木は, 相談援助実習における教育内容に関する課題として,「児童分野では基本コミュニケーションや人間関係形成を学ぶことにたけているが, 権利擁護や支援の評価, 経営や管理運営, アウトリーチやネットワーキング, 社会資源の活用・調整・開発に関しては学ぶことが難しい場合がある」と述べている。
8) 横山豊治・保正友子「同一事例に対するソーシャルワーカーの見解の比較―若手とベテランへのインタビュー調査より―」『社会福祉士』14, 2007年, 189-197頁を参照。横山・保正は,「ソーシャルワーカーの専門的力量は経験年数以外にも, 職場内外の環境（先輩のもとで仕事を覚えられたか, スーパービジョンを受けられたか等）や, 私的な生活体験の積み重ねなどによっても高められる可能性がある」と調査結果から考察している。
9) この点は, 土田美世子「エコロジカル・パースペクティブによる保育実践」『ソーシャルワーク研究』31（4）, 2006年, 285-294頁を参照。本論文では, エコロジカル・パースペクティブに基づく保育実践が, 必然的にソーシャルワーク実践につながっていく実際について, A園の実践から確認している。
10) 植戸貴子「エンパワーメント志向の社会福祉実践―利用者―ワーカー関係のあり方についての一考察―」『社会福祉士』9, 2002年, 72-78頁を参照。植戸は, 高齢者・障害者の施設に約10年間ソーシャルワーカーとして勤務した経験から,「エンパワーメントを促進する『利用者―ワーカー関係』のあり方」を探っている。
11) 池田恵利子「能動的権利擁護論の必要性と社会福祉士の支援―社会福祉士の普遍化をめぐって―」『社会福祉士』9, 2002年, 63-71頁を参照。池田は,「地域にリーチアウトする相談援助職の質を高め活用していくこと」の重要性について述べ,「それにあたる資質は社会福祉士を基礎資格に持つ者に他ならない」と捉えている。

学校におけるソーシャルワークの展開とその展望

第1節 教育福祉実践の系譜とスクールソーシャルワーク

1. 教育福祉実践の系譜

「教育福祉」は，社会福祉とりわけ児童福祉サービスにおける学習・教育保障の課題・問題を意味し，教育（学校）分野における福祉的課題や問題を解決するための制度的意味合いの強い概念である。こうした概念に基づき，貧困問題や児童虐待など，教育現場で起きているさまざまな福祉的課題・問題に対して具体的に支援していくのが教育福祉実践である。したがって，両者の関係は，教育現場で起きている福祉的課題・問題に対して，支援のための制度を充実させていくのが教育福祉であり，教育福祉を充実させていくために具体的なサービスを展開し，支援していくのが「教育福祉実践」であるといえる。

スクールソーシャルワークは，教育福祉実践の重要な実践の一つであり，その活動の起源は1906（明治39）年の米国の訪問教師による，不就学・長欠児への支援であるとされている。日本においても，1949（昭和24）年以降，高知県などで不就学・長欠児対策として，福祉教員等による訪問教師制度が実施され，同種の制度はその後，千葉，栃木，静岡，奈良，愛媛，福岡の各県および尼崎，伊丹，甲府の各市においても取り入れられ，「訪問教諭」「長欠対策主任」「カウンセラー教師」「訪問教師」等の名称で，全国各地の長欠・不就学児童・生徒対策の中心的役割を担っていた（岡村，1963）。

1960年代になると，全国各地で試みられていたさまざまな訪問教師の制度を，「福祉教諭」を配置することを通して，全国に普及しようとする動きがみられた。その中心となったのが，長欠児童生徒援護会（別称，黄十字会）であった。

同会は，財団法人認可後の1960（昭和35）年9月，長欠対策の実践場として「山

谷分室」を開室し，山谷地域に住む子どもたちの教育や生活の支援を，政財界にも積極的にはたらきかけていった。こうした同種の教育福祉実践は，山谷以外にもほぼ同時期に，大阪の愛隣地域や横浜の寿町でもみられ，京都市では，京都市教育委員会が1962（昭和37）年に「生徒福祉課」を立ち上げ，生徒福祉主事らによる組織的な教育福祉実践も行われた。こうした戦後の長欠・不就学児への教育福祉実践は，1970年代から1980年代初め頃まで続けられた。

　日本で初めて，自称「スクールソーシャルワーカー」として，教育福祉実践が行われたのは，埼玉県所沢市での山下英三郎による実践である。米国でスクールソーシャルワークを学んだ山下は，嘱託の教育相談員として所沢市教育センターに勤務し，1986（昭和61）年から1997（平成9）年までスクールソーシャルワークの先駆的な実践を行った。以来，日本では山下のスクールソーシャルワーク実践が，教育現場における「スクールソーシャルワーク＝教育福祉」実践モデルとして認知されるようになっていった。

2．スクールソーシャルワーカー活用事業の成立過程

（1）文部科学省諸事業とスクールソーシャルワーカー活用事業との関連

　2000年代前半，少年による凶悪事件が多発し，学校現場においても授業妨害や対教師暴力が増加していた。文部科学省（以下，文科省）は，北海道や郡山市など，先駆的に関係機関と連携し，児童・生徒の非行や暴力事件に成果を上げている自治体の少年サポートチームをモデルとして，2002（平成14）年4月より各都道府県の中から2地区程度を指定し，「サポートチーム等地域支援システムづくり推進事業（2004年度より，『問題行動に対する地域における行動連携推進事業』に移行）」（以下，「行動連携事業」）を立ち上げた。さらに，2003（平成15）年度には，不登校児童・生徒への積極的な支援として「スクーリング・サポート・ネットワーク整備事業（以下，「SSN事業」）」を立ち上げた。

　「行動連携事業」では，従来からある関係機関の情報交換を行ったり，青少年の健全育成に関する一般的な対策を協議したりする組織とは異なり，ケースごとに実務担当者による組織が機動的に編成された。そしてこの事業のなかでは，主に当該児童生徒に関する情報交換，事例分析，処遇の検討，学習指導，生徒指導，教育相談等の支援，保護者および学校への援助などが行われた。

　これら事業の大きな特徴は，関係機関の機動的連携と積極的な社会資源の開発・

活用にあり，スクールソーシャルワークと密接に関連している。特に，行動連携事業においては，これまでの関係機関の組織代表者レベルでの情報連携ではなく，実務担当者レベルでの行動連携を主体とした機動的連携をめざしている点において，ソーシャルワークにおけるケースマネジメントに近い方法がとられている。

「行動連携事業」と「SSN事業」は，ともに2006（平成18）年度まで続けられたが，2007（平成17）年度には，これら二つの事業が統合され「問題を抱える子ども等の自立支援事業（以下，「自立支援事業」）」として，実施されることとなった。当時文科省は，複雑な要因をはらんだケースへの対応として，「自立支援事業」のなかでスクールソーシャルワーカーの配置を進めており，これが日本において国が実施したスクールソーシャルワーカーの活用の最初のものである。

(2) スクールソーシャルワーカー活用事業の成立過程

文科省は，「自立支援事業」でのスクールソーシャルワーカー活用の成果を待たずして，2008（平成20）年度からスクールソーシャルワーカー活用事業をスタートさせた。スクールソーシャルワーカー活用事業がスタートしたきっかけは，2008年度の予算折衝の過程で財務省から単独事業として逆提案されたことによるとされている。当時，文科省は，スクールソーシャルワーカーの活用について報告書等で一定の意義を認めつつも，スクールソーシャルワーカーの活用よりスクールカウンセラーの充実を優先させる方針をとり，2008年度概算要求でも，予算計上はなされなかった。しかし，2007年12月，予算折衝の過程で財務省より単独事業としての逆提案がなされ，2008年4月よりスクールソーシャルワーク活用事業が実施されることとなった（2008年度予算，約15億円）。

こうした一連の動きは，文科省が財務省からの逆提案に対して，突然，スクールソーシャルワーカー活用事業を実施したかのように受け止められるが，文科省は数年前からスクールソーシャルワークに関心をもち，スクールソーシャルワークに関する国内外の情報を積極的に収集していたのである。文科省のこうした動きは，この間，文科省が児童生徒の問題行動や虐待事例における新たな援助方法としてチームアプローチや社会資源の活用を積極的に教育現場に取り入れようとしてきたことと関連している。

したがって本事業は，突然現れたものではなく，実はこの事業につながる前駆的事業として，先述した「行動連携事業」や「SSN事業」があったことが大きな意味をもつ。特に「問題を抱える子ども等の自立支援事業」のなかで，スクール

ソーシャルワーカーの活用を積極的に進める自治体の事業補助を文科省が積極的に進めてきたことが，今回の新規事業の大きな布石となったのである。

3. 教育福祉の課題

　教育と福祉の谷間にいる子どもたちの教育権や生存権の問題は，戦前戦後を通して絶えず問われ続けてきた問題である。教育福祉に関する実践・研究は，戦前戦後を通じて一定の歴史はあるものの，今日においても福祉的支援を必要とする子どもたちの教育と福祉の権利は，統一的には捉えられていない。「子どもの問題は大人の問題」であり，教育の名の下に子どもの福祉は忘れ去られ，福祉の名の下に子どもの学習・教育の権利が軽視されてきたことが指摘されてきている（中山 1984）。

　学校から排除された障害児のなかには，障害児施設に入所していた子どもたちもいた。1951（昭和26）年の児童福祉法の改正では，「児童福祉施設の長は，…その施設に入所中の児童を就学させなければならない」（児童福祉法第48条）と明記されたが，同時に「精神薄弱児及び肢体不自由児施設においては…就学を猶予又は免除された児童については就学させる必要はない」とする「通知」（1951・11・8児発69「児童福祉法の一部を改正する法律の施行について」）も出され，福祉の側からも教育を受ける権利を奪われる結果となった。

　こうした教育と福祉の谷間から抜け落ちていく子どもたちは，貧困家庭や虐待を受けている子どもたちのなかに多くみられ，権利として受けられる教育を，どう保障していくか，教育行政の責任が問われている。この間，国の教育行政は，福祉的支援が必要な子どもたちに対して，就学援助制度や障害児教育制度など，不備はあるものの教育福祉にかかわる制度を整備してきた。しかし，こうした制度はナショナル・ミニマムとして，決められた対象と範囲のなかで共通の一定量のサービスしか提供してこなかった。今日，緊急かつ深刻な状況で支援が必要なのは，こうしたナショナル・ミニマムを超えたところでの支援である。

　政府は，2013（平成25）年6月，「子どもの貧困対策の推進に関する法律」を制定し，2014（平成26）年8月，その具体的な対策を定めた「子どもの貧困対策に関する大綱」を閣議決定した。この大綱のなかでは，学校を子どもの貧困対策のプラットフォームとして位置づけ，図3-1にあるように2019（平成31）年度までに，スクールソーシャルワーカーをすべての中学校区（約1万人）に配置す

第Ⅰ部　児童・家庭福祉とソーシャルワーク

図3-1　学校をプラットフォームとした総合的な子どもの貧困対策の推進（文部科学省，2015）

る等の具体的な数値目標が示され、教育現場における福祉的支援を強化する動きが見られるが、支援の実態にあった予算の配分と確保が大きな課題である。

第2節　スクールソーシャルワークの実践

1．スクールソーシャルワーカーの位置づけと役割

　スクールソーシャルワーカー活用事業は、スクールカウンセラー活用事業と同様に、国の「教育振興基本計画」や『生徒指導提要』のなかにも位置づけられる、重要な生徒指導施策の一つである。また、文科省のいじめや虐待、教育相談等への対応の各種報告書のなかにも、教育現場でのスクールソーシャルワーカーの活用が示されている。

　スクールソーシャルワーカーは、都道府県で活用される場合、教育委員会に雇用され、教育事務所等の所属長の指揮監督のもと、派遣された市町村教育委員会

および市町村立学校の学校長の指示を受けて業務を遂行することが一般的である。

スクールソーシャルワーカーの配置形態は、学校に配置される拠点配置型（拠点校配置方式）と教育事務所等に配置される拠点巡回型（派遣方式）の二つに大別される。スクールソーシャルワーカーの職務内容も、スクールソーシャルワーカーの配置形態によって異なり、拠点配置型の場合は、個別面接や家庭訪問等の支援も行われるが、拠点巡回型ではケースカンファレンスでの助言等、学校内におけるチーム支援体制の構築、支援が中心となる。

図3-2は、スクールソーシャルワーカーの配置状況である。また、スクールソーシャルワーカーの保有資格と支援状況については、表3-1，表3-2の通りとなっている。

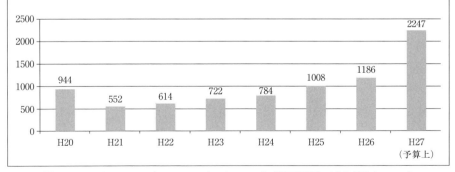

図3-2　スクールソーシャルワーカーについて（配置状況）（文部科学省, 2015）

表3-1　スクールソーシャルワーカーについて（**保有資格者資格推移**）（文部科学省，2015）

	H20	H21	H22	H23	H24	H25	H26
雇用した実人数	944	552	614	722	784	1008	1186
①社会福祉士	183 19.4%	188 34.1%	230 37.5%	292 40.4%	331 42.2%	440 43.7%	558 47.0%
②精神保健福祉士	88 9.3%	93 16.8%	118 19.2%	166 23.0%	182 23.2%	249 24.7%	298 25.1%
③その他社会福祉に関する資格	72 7.6%	59 10.7%	75 12.2%	105 14.5%	95 12.1%	118 11.7%	154 13.0%
④教員免許	449 47.6%	240 43.5%	232 37.8%	279 38.6%	331 42.2%	399 39.6%	428 36.1%
⑤心理に関する資格	186 19.7%	100 18.1%	97 15.8%	137 19.0%	148 18.9%	140 13.9%	192 16.2%
⑥その他ＳＳＷの職務に関する技能の資格	41 4.3%	14 2.5%	26 4.2%	33 4.6%	31 4.0%	45 4.5%	57 4.8%
⑦資格を有していない	151 16.0%	58 10.5%	55 9.0%	58 8.0%	64 8.2%	77 7.6%	90 7.6%

※割合は，雇用した実人数に占める割合

表3-2　スクールソーシャルワーカーについて
（**継続支援対象児童生徒の抱える問題と支援状況**）（文部科学省，2015）

		H26年度	【参考】 H25年度
継続支援対象児童生徒の抱える問題と支援状況	①不登校への対応	12,183	11,222
	②いじめ問題への対応	857	1,276
	③暴力行為への対応	990	1,100
	④児童虐待への対応	2,981	2,615
	⑤友人関係	2,875	2,828
	⑥非行・不良行為	2,005	2,186
	⑦家庭環境の問題	13,565	12,913
	⑧教職員等との関係の問題	1,738	1,814
	⑨心身の健康・保健に関する問題	3,333	3,544
	⑩発達障害等に関する問題	7,828	6,946
	⑪その他	3,427	3,753

2．スクールソーシャルワーカーの支援内容

(1) スクールソーシャルワーカーとは

　神奈川県教育委員会は，スクールソーシャルワークを「教育の分野に加え，社会福祉に関する専門的な知識や技術を有する者で，問題を抱えた児童・生徒に対し，当該児童・生徒が置かれた環境への働きかけや，関係機関等とのネットワー

クの構築など，多様な支援方法を用いて課題解決への対応を図っていく人材」として，次のような役割を担う専門職として位置づけている。
　①問題を人と環境との関係において捉え，問題を抱えた児童・生徒とその置かれた環境へのはたらきかけを行う。
　②学校だけでは対応が困難な事例は，ケース会議等を開催し，関係機関等と連携して支援を行う。
　③チーム支援体制を構築し，役割分担を行い，社会福祉の専門的視点に基づく具体的支援を行う。
　④保護者や教職員等に対する支援・相談・情報提供を行う。
　⑤教職員等への研修活動を行う。
「社会福祉の専門的視点」とは，ただたんに社会福祉に関する専門知識や技術をさしたり，児童・生徒や保護者を関係機関につないだりすることだけではなく，ソーシャルワークの理念や価値を含む，以下の内容が含まれる。
　①児童・生徒の利益や権利を最優先する姿勢
　②児童・生徒の自己決定を尊重する姿勢
　③児童・生徒の環境や生活全体をとらえる視点
　④児童・生徒の本来持っている資源や力（ストレングス）に注目し，その力をさらに高めたり強めたり（エンパワメント）して支援していく視点
　⑤秘密保持の姿勢

(2)　スクールソーシャルワーカーとスクールカウンセラーの相違

　文部科学省は，スクールソーシャルワーカーとスクールカウンセラーとの役割の違いを表3-3のように示している。しかし，教育現場において，実際に活用される場面では，スクールカウンセラーと同じような位置づけでスクールソーシャルワーカーが活用されている例も少なくない。スクールソーシャルワーカーとスクールカウンセラーは，相談場面での技術的側面や面接方法に関しては共通性があり，互いの違いを説明することはむずかしい。
　両者の違いは，一般に，スクールカウンセラーは「児童・生徒本人の心の問題」に，スクールソーシャルワーカーは「児童・生徒を取り巻く環境」にそれぞれ着目し，問題解決を図るところにあるとされている。しかし，実際はスクールソーシャルワークの対象となる児童・生徒のなかにも，「環境の問題」よりも「心の問題」に焦点をあてて支援した方がよい児童・生徒がいたり，当然，その逆もあり

表3-3 スクールカウンセラーとスクールソーシャルワーカーの役割等 (文部科学省, 2015)

名称	スクールカウンセラー	スクールソーシャルワーカー
人材	児童生徒の臨床心理に関して高度に専門的な知識・経験を有する者	教育分野に関する知識に加えて、社会福祉等の専門的な知識や経験を有する者
主な資格等	臨床心理士，精神科医等	社会福祉士，精神保健福祉士等
手法	カウンセリング（子供の心のケア）	ソーシャルワーク（子供が置かれた環境（家庭，友人関係等）への働き掛け
配置	学校，教育委員会等	教育委員会，学校等
主な職務内容	①個々の児童生徒へのカウンセリング ②児童生徒への対応に関し、保護者・教職員への助言 ③事件・事故等の緊急対応における児童生徒等の心のケア ④教職員等に対する児童生徒へのカウンセリングマインドに関する研修活動 ⑤教員との協力の下、子供の心理的問題への予防的対応（ストレスチェック等）	①家庭環境や地域ボランティア団体への働き掛け ②個別ケースにおける福祉等の関係機関との連携・調整 ③要保護児童対策地域協議会や市町村の福祉相談体制との協働 ④教職員等への福祉制度の仕組みや活用等に関する研修活動

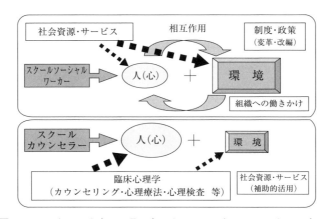

図3-3 スクールカウンセラーとスクールソーシャルワーカーの違い

得る。つまり，どこからどこまでがスクールソーシャルワーカーの領域で，どこからどこまでがスクールカウンセラーの領域であるかは，はっきり線を引くことができないのが実情である。しかし，一ついえることは，スクールソーシャルワーカーが「心の問題」に焦点をあてた支援に傾けば，当然，スクールソーシャルワーカー本来の「環境の問題」に焦点をあてた支援に時間を使うことができなく

なり，スクールカウンセラーが「環境の問題」に焦点をあてた支援に傾けば，スクールカウンセラー本来の「心の問題」に焦点をあてた支援ができなくなる，ということである（図3-3）。

スクールソーシャルワーカーとスクールカウンセラーの関係は，敵対する関係ではなく，互いの専門性を発揮するのに必要な「協働の関係」といえる。そしてこのことは，教師との関係においても当てはまる。教師が，相談や支援にかかわる家庭訪問に忙殺されたり，関係機関との連絡・調整に時間を奪われていたら，授業や教材研究，生活指導など，教師本来の専門性が発揮できなくなるのである。

(3) スクールソーシャルワーク実践への期待と課題

スクールソーシャルワーカーの最も重要な役割は，子どもたちが楽しく学校に通い，教育を受けられる環境を整えることである。そのためには，子どもだけでなく，子どもの重要な環境としての，親や教師を支援することが大切である。児童虐待や過度な厳しいしつけ，親の誤った教育観など，さまざまな要因による不適切な親の養育態度を改めるには，環境調整が不可欠である。また，子どもの障害や親の疾病，貧困，DV等に起因する，不適切な家庭環境や教育環境に対する支援についても同様である。親への支援も含めて，適切な関係機関との連携のもと，子どもと親（家庭），教師（学校）を併せて支援していくことが必要である。

こうした支援を効果的に進めるためには，多角的な情報収集と関係機関との連携が不可欠である。また，校内外でのケース会議の開催や子どもや家庭を支援するのに必要な地域の社会資源の把握など，教育相談体制を構築していくことが求められる。こうした支援体制の舵取り役を担うのも，スクールソーシャルワーカーの重要な役割である。

スクールソーシャルワーカーの活用にあたっては，スクールソーシャルワーカーが保護者や子どもの情報収集の道具として活用されることが懸念される。また，信頼関係が構築される前に，家庭の問題やプライバシーに踏み込み過ぎることを心配する声も聞かれる。こうした不信や不安に応えるためには，教育委員会がスクールソーシャルワーカーにスーパービジョンと研修を受けられる体制を整え，質の高いスクールソーシャルワーカーを育てていくことが重要である。

第3節 スクールソーシャルワークの課題と展望

1. スクールソーシャルワーカー活用事業の教育行政課題

　スクールソーシャルワーカー活用事業は，2009（平成21）年度の委託事業から国庫補助事業への移行にともない，補助率が10分の10から3分の1となり，現在では，スクールソーシャルワーカー活用事業と同様に位置づけられ，年々予算規模を拡大し実施されてきている（図3-2）。しかし，スクールソーシャルワーカー活用事業の事業形態には，予算額の増加が，直接事業拡大につながらない，事業継続を阻む要因が隠れている。

　一般に，補助事業では，自治体からの持ち出し分が必要になる。スクールソーシャルワーカー活用事業のように事業予算の3分の2を自治体が負担しなくてはならない場合は，当該事業にかかわる予算が増額されたとしても，事業予算の3分の2の財源が地方自治体で確保されなければ，増額分の国の予算を活用することはできない。

　また，スクールソーシャルワーカー活用事業では，事業の実施主体は「都道府県・指定都市・中核市」となっており，それ以外の「市町村」が国の予算で独自に事業を実施する場合は，「間接補助事業」の形態をとらざるを得ない。

　間接補助事業とは，都道府県の市町村に対する補助金を補助する仕組みである。間接補助事業における，国からの間接補助事業への補助率3分の1の意味するところは，県が市町村に補助する額の3分の1を国が補助するということである。たとえば，T市が900万の予算で事業計画を立て，G県との話し合いでT市が総額の3分の1を負担し，残りをG県が補助する場合，事業費の内訳は，T市（300万円），G県（400万円：見かけ上のT市への補助費600万円－国からの間接補助費200万円），国（200万円：G県のT市への補助600万円に対する3分の1の補助費）となる。

　都道府県が市町村の間接補助事業を認めるということは，国からの補助金の差額分を都道府県が市町村に補助することになるため，都道府県はこの差額分を新規に予算化する必要が出てくる。緊縮財政のなか，都道府県，市町村ともに財源確保が難しく，間接補助事業そのものが市町村のスクールソーシャルワーカー活

用事業への参入の阻害要因となっている。

2．国の新しい施策とスクールソーシャルワーカー

(1)「チームとしての学校」構想とスクールソーシャルワーカー

　文部科学省は，学校教育をめぐる環境の変化や新しい諸課題に対応するために，2014（平成26）年9月，中央教育審議会に「チームとしての学校・教職員の在り方に関する作業部会」を設置した。審議会のなかでは，これからの学校の組織や運営，教職員の仕事の在り方等が検討され，2015年12月21日に「チームとしての学校」（答申）がまとめられた。

　「チームとしての学校」構想の背景には，二つの点が指摘されている（小川，2016）。第一は，児童生徒の同質性が弱くなり，多様な児童生徒が在籍するなかで，学校教育が複雑化，困難化し，問題も深刻化してきているため，教員だけでの対応ではむずかしい状況になっている点である。そして，第二は，広範囲に及ぶ教員の業務が，教員の本来業務である授業等の教育指導に深刻な影響を及ぼしている点である。前者に対しては，スクールカウンセラーやスクールソーシャルワーカー，弁護士など，その分野の専門スタッフの力（多職種の専門的知見・技能）を活用することを想定している。また，後者については，生徒指導や特別支援教育，部活動等をより効果的効率的に遂行し，充実させていくために，他の専門スタッフと連携・分担する体制を整備し，それぞれの専門性を生かして，チームとして組織的に学校を運営していくことを想定している。

(2)「学校プラットフォーム」とスクールソーシャルワーカー

　「学校プラットフォーム」構想は，学校を子どもの貧困対策のプラットフォームと位置づけ，①学校教育による学力保障，②学校を窓口とした福祉関係機関との連携，③経済的支援を通じて学校から子どもを福祉的支援につなげ，総合的に対策を推進するとともに，教育の機会均等を保障するために，教育費負担の軽減を図ろうとする，文部科学省の教育施策である（小川，2016）。

　「学校プラットフォーム」は，文部科学省においても明確に定義されているわけではないが，一つは，学校が子どもの貧困対策を展開する場として機能していくことを意味している（大谷，2016）。また，もう一つは，学校をさまざまな支援が必要な，児童生徒の全数把握の場として機能させることを意味している。前者においても，後者においても，教育現場でスクールソーシャルワーカーは，要

としての重要な役割を担う専門職として位置づけられ,その活躍が期待されている。

第2部

児童・家庭福祉施設における
ソーシャルワーク

　第2部では，児童・家庭福祉施設で働く社会福祉士等が自分自身の現場実践にふまえて「ソーシャルワーク」について論述した。

　実践現場の多種多様で柔軟なソーシャルワーク実践は，必ずしも従来の理論アプローチでは必ずしも捉えきれないものもある。現場で役立つ児童家庭ソーシャルワーク実践と理論を考える糸口を見つけたい。

保育所と地域子育て支援センターでのソーシャルワーク

第1節 施設の概要

　保育所は児童福祉法第7条に規定される児童福祉施設であり，第39条でその目的を規定された施設である。2013（平成25）年で全国に約2万4,000か所設置されており，約230万人もの乳幼児が利用している地域で最も身近な施設でもある。

　筆者の勤務するA保育園は，1980（昭和55）年4月に開設し，埼玉県東部地区に所在する定員100名の保育所である。保育園の設置・運営主体は，社会福祉法人B会であり，その中核施設として位置づけられている。

　社会福祉法人B会は，関連施設として本A保育園の他に認可保育所3か所，保育所分園，地域子育て支援センター3か所，学童保育室2か所，病児保育室，保育ステーションを運営している。職員構成は，法人全体で約90名，平均年齢約32歳，平均勤続年数約12年である。職種構成は，保育士，栄養士，看護師，支援センター職員，学童保育指導員，事務職などである。

　A保育園の特徴（理念）として，開設時より保育所の性格をあくまで児童福祉施設であることを重視している。そのため障がい児（者）の受け入れ，障がい児通園施設との交流，地域ボランティアの受け入れ，地域世間交流（小学生〜青年），地域保育講座，地域文庫の開設，青空保育（出前保育），郷土文化伝承活動，子育てサークル支援，子育て広場，育児相談などに長く，積極的に取り組んできた経緯がある。ちなみに，これらの本園の活動はすべて1980年から1994年頃にかけて取り組み始めたものであり，国の制度による，特別保育の枠のなかで始められたもの以前からの取り組みであったことを付記する。

　最近のA保育園は，気になる子・障がいのある子の受け入れが増え，入所後にその子どもの状況がはじめて明らかになる傾向がある。子どもにとっての確実な成長発達，一人ひとりの子に即した環境保障を行うためにも入所前→入所→卒所

後と一貫した総合的な支援活動の展開は，保育所の役割として大きく求められる。特に，地域社会の団体・機関との連携のなかで気になる子・障がいのある子への対応が求められている。

　また，週明けに疲労感を漂わせる子，睡眠や食事・排泄などの生活習慣の不規則性がみられる子なども気になる最近の傾向である。子どもの生活を24時間というスパンで考えていくうえでも「保育所」と「家庭」や「地域」との連携がこれまで以上に不可欠となってきている。さらに加えて，時折りやや元気のない卒所した小学生の訪問がある。子どもたちの日常生活の基本的な動線が，仮に家庭と学校と塾等の往復と考えると，そのトライアングルの動線のなかにいる子どもたちにやや疲労感を感じる場合がある。その時に家庭と学校と塾等の中間領域として，地域社会のなかに子どもたちが「ほっ」とできる心の拠り所の様な「居場所」があるかどうかの意味は大きい。保育所は，子どもにとって大変に身近な「場」である。だからこそ保育所は，中間領域として子どもにとっての「居場所」になり得ると考える。

　このような保育所の現況に直面する時，子ども・保護者が保育所に在籍しているか否か，障がいの有無，保育時間の枠の内外，就学前という対象年齢の限定，社会的状況の格差，民族文化の違いなどはどれほどの意味をもつであろうか。保育所がすべての子どもたちを対象とし，子どもたちがかかわるすべての問題に向き合う時，あらためて保育所の在り方としてよりソーシャルな性格が求められる。いうまでもなく保育所の保育実践においては，家庭・地域社会・関係機関団体との連携・協働などは不可欠の要素であり，自らの役割や専門性をそのなかで方向づけしていくのが本来的な保育所の在り方である。

　一方，A保育園は，地域子育て支援センターを3か所併設して「地域子育て支援拠点事業」，「一時預かり事業」，「多様な活動（詳細は後述）」を展開している。地域子育て支援センターの「ソーシャル」な性格は，原則的に保育所のそれと位相を異にするものでない。しかし，地域子育て支援センターの対象は，基本的に地域の在宅者（児・親）であり，間接的支援が多岐にわたるために地域社会に対してより密着して広がるという傾向がある。

第2節　事例から

1．事例　障がいのある子（者）の受け入れ

　A保育園では，すべての子どもたちが利用できる保育所を目指すという方針を開設以来実施している。障がいのある子の受け入れについても同様である。ただし，受け入れ人数については，1～2人という範囲であり，毎年継続的には実施していない。民間保育所としての施設の運営体制，職員体制の確立をあくまで前提とするものである。

　障がい児の個別の受け入れの方法としては，措置（当時）入所が可能である場合と非措置（当時）児入所の場合がある。障がい者の受け入れの方法としては，在籍児の保護者として，ボランティアとして，居場所提供の利用者として，等々である。障がい児通園施設とは，定期的または臨機的交流という方法をとっている。

　1980年以来，診断名で脳性まひ，自閉傾向，ウエスト症候群，ダウン症候群，ADHD，言語遅滞等々の子どもたちの受け入れを実施してきている。

　成年者の受け入れケースとしては，在籍児の保護者両親が聴覚障害者である場合，全盲者（盲導犬と共に）がボランティアとして（児童関係への就労準備の為），リハビリテーションセンターでの社会復帰トレーニング者が社会経験の場として，医療機関通院者の「居場所」的利用などがある。また，施設間交流として知的障害児（者）通園施設・肢体不自由児通園施設[1]の在園児との個別交流，グループ交流等である。

　以下，具体的に本園で実践した脳性まひ児Hの受け入れについての事例を報告する。

> 　Hは，当時3歳児でC肢体不自由児通園施設に在籍していた。立位は取れないがその他の身辺自立やコミュニケーションは他児と同様に集団生活を過ごすことができた。また，定期的に隣接する県のS療育施設へも通院していた。A保育園との最初のかかわりは，施設間の臨機的な交流活動に参加をしていたことである。この交流活動の展開のなかで大きな成長がみられ，家庭から保育園の子ども集団での生活体験をより多く経験させたいとの要請を受けた。本園とC施設と母親との協議を経て，個別的な交流活動に入

第4章　保育所と地域子育て支援センターでのソーシャルワーク

ることとした。方法として，週の半分をC施設に通園し，残りの半分をA保育園に非公式に母子登園（午前中）するという内容であった。

　しばらくこの方法で展開していたのだが，二重措置の制限に抵触するのではないかとの問題が本園とC施設との協議のなかで提起された。現在は，可能であるが，当時は，制度上では子どもにとって効果が確認されても一人の児童が二つの児童福祉施設を同時に利用することができなかった。再度，本園とC施設で協議を行い，S療育施設のアドバイスも受けてC施設からA保育園へ籍を異動することとした。

　転籍した結果のHの成長過程の概略は，次の通りである。3歳児として途中入園，ヘルメットと補正靴を着用し，立位が取れないため当初は母子登園となった。定期的なS療育施設への受診と指導を受けながら立位の確保と歩行動作の補助に向け，保育所のなかでの歩行機会を保障し，歩行で得られる経験の広がりを保育のなかで図ることとした。手段として，クラッチ・歩行器の導入を実施した。その結果，卒所（5歳児）までの保育過程で四つ這いから立位へ，母子登園から単独登園へ，補助器を使用して移動することが可能となり，卒所時には補助器なしで独歩（短距離）が可能となるほどの成長を示すことができた。身体面だけではなく総体的にすべての保育プログラムを経験して卒所した。

　さらに卒所後の進路の問題が生じて母親と市行政の間で何度かの協議が行われ，本園に対しても保育園生活についての状況確認があった。結果的には，母親の熱意と市行政の理解があり，市立小学校の普通学級への就学となり，校舎階段の手すり設置やトイレ改装などの学校側の配慮も得た。

2．事例のコメント

　こうした事例に対して，第一の問題は，前述したように本保育所が，障がいのある子の受け入れを行うのは，施設の運営体制，職員体制の確立を前提としていることである。理念としてのインクルーシブ保育を理解していても，実際の受け入れの入口段階ではこの問題に直面する。本保育所の力量では受け入れ児に対するアセスメント，ケアーマネジメント，ケースワークといった専門的アプローチが不十分という課題もあるからである。

　しかし，事例Hのように家庭・保育所・通園施設・専門機関・行政というネットワークが機能すると，確実に子どもの成長につながることが確認できる。今日の子ども・子育て新制度に新たに位置づけられた利用者支援事業は，総合的な「子ども版包括支援事業」になる可能性があり，気になる子・障がいのある子をめぐ

るネットワーク形成の強化につながっていくことを期待したい。

　第二の問題は，Hと同じような状況にある他のC施設の子どもへの対応の問題である。Hと同じ通園施設に通っていた複数の家庭よりHと同様にA保育園への入所は可能か？と問われた経過がある。保護者の心情は，十分に理解できるものの，現実的には対応ができない要請であった。しかし，本施設とC施設との協議のなかで，これまで実施してきた施設間交流を臨機的な実施から定期的な実施に転換し，C施設に在籍する他児の受け入れ要請に応えることに合意した。C施設は，公立であるので当然に行政承認を前提とする協議結果であった。

　具体的には，次の通りである。①回数：年に数回→毎月1回実施，②方法：C施設からA保育園への片面→隔月に相互訪問，③性格：本施設及びC施設の公式活動としての位置づけ，④職員間の協議を定例化，⑤備考：A保育園児がC施設を訪問する際にC施設バスの提供を受ける。

　この施設間交流が正式に確立した意味は非常に大きい。インフォーマルな関係がフォーマルな関係に転化したからである。このようなシステムのフォーマル化は「ソーシャルアクション」につながると考える。

　第三の問題は，二重措置問題の背景にあった社会福祉施設としての保育所の閉鎖性の問題である。すなわち，社会福祉施設としての「社会化」「地域化」の意味が問われていたと考える。「施設の社会化」とは，制度の非横断性，運営の閉鎖性，問題の硬直化に対する社会化，「施設の地域化」とは，利用者の地域化，施設の物理面・空間面の地域化，機能の地域化，職員の地域化を意味し，事例Hにおける二重措置の問題は，特に制度の非横断性にあったといえる。

　社会福祉制度が保育行政，障害児行政，労働行政などに縦割り的に分断されることなく横断的機能が展開されていたならばこの二重措置の問題は生じなかったと考えられる。児童福祉施設として保育ソーシャルワークやインクルーシブな在り方を考えていくうえで，「施設の社会化」「施設の地域化」の問題の再検討が問われている。

第4章　保育所と地域子育て支援センターでのソーシャルワーク

第3節　地域子育て支援センターの類型と機能

1．地域子育て支援センターの3類型

　本法人は，市内において子育て支援拠点事業を3施設で実施している。「E保育ステーション」と2つの「広場」である。この3施設を包括して報告する。
　筆者は，地域子育て支援センターの役割・機能を次の通り3類型に分類している。
　第1類型として，「提供型」の支援活動であり，さらにそれを「保育提供型」と「場・文化等の提供型」とに分けている。具体的には，送迎待機保育・短時間保育・待機児対策保育，その他の実施および広場の提供・文化提供[2]・備品提供である。また，子育ての問題にとどまらず同胞，家庭，生活の問題などの相談活動の提供も実施している。これらの支援活動のなかには，新しい保育形態，支援方法があり，そのシステムの定着までに利用者，支援センター，行政との調整プロセスが必要であった。送迎待機保育・短時間保育については，子への保育保障と親の利便性保障の整合の問題があり，子育て広場の提供では，提供する「場」の機能の在り方が問われた。
　第2類型として，「アウトリーチ型」の支援活動がある。具体的な活動は，①地域の母親の子育てサークル支援，②児童館での子育てサークル・講座支援，③地区センターでの子育てサークル講座支援，④子育てサロンでの子育てサークル・講座支援，⑤地域子ども会・敬老会のイベント支援，⑥ファミリーサポートセンター（K市・M市）のイベント支援などである。
　支援センターに来所する利用者は，年齢的には30歳前後の母親が多く午前中の時間帯に集中する。しかし，子育て中の家庭には幅広い年齢の保護者が想定される（十代の若年者から高齢者）。また，ひとり親家庭，地理的な制約で支援センターが利用できない親子も想定される。さらに，地域の団体・機関からの出張要請も入り始め，それらの来所につながらないニーズへの対応としてアウトリーチの導入を行った。
　第3類型として，「ソーシャルワーク型」の支援活動である。具体的には，その機能としては以下の5点のものが考えられる。
　一点目はコーディネート機能である。地域の母親による子育てサークルの自主

運営化への支援，保育ボランティアサークルの自主運営化への支援である。地域社会の子ども関係の機関・団体（小学校から中・高校，言葉の教室，子育てサロン，児童館，高齢者施設など）とのネットワーク形成（調整・連携）がある。地域の子育てサークルから保育士派遣の要請は多数入るが，支援センター単独では物理的にすべてに対応できない問題がある。地域の子育てサークルがややもすると保育士の援助提供に依拠しがちになる傾向も同時に含み，自主サークルの主体形成にかかわる問題でもあった。

　第二点目は人材育成機能，すなわち，地域の保育サポーターや保育ボランティア，保育学生などへの保育技術・臨床支援である。地域社会におけるさまざまな子育て応援者が個人として実践できるための支援活動である。地域の子育て応援者は，個人として援助技術習得に強い意欲を持つ反面，それを実践につなげる臨床機会に恵まれないという問題がある。

　第三点目は啓蒙・情報発信支援機能，すなわち，地域社会の機関・団体への講師派遣である。具体的には，4年制及び2年制保育系大学の授業，ボランティア大学，ファミリーサポートセンター（2市）の提供会員研修，市立児童館の講座などに講師を派遣するものである。

　なお，被派遣者は，園長・主任級に留まることなく一般保育士も担っていくことに留意した。この派遣は，被派遣者の保育技術とソーシャルワーク技術の相関的な質的向上を可能にする手段であり，また，被派遣者の保育とソーシャルワークの実践活動の理論化を強化した。保育者養成機関の研究者・大学院生・卒論執

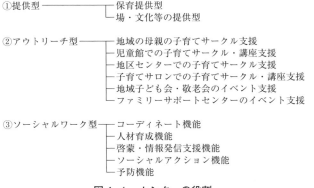

図4-1　センターの役割

筆者からの研究支援要請にも応えている。児童文化の創作と提供活動も実施している。また，多様な講座，学習会，研修会等の活動も展開している。

第四点目はソーシャルアクション機能，すなわち，行政参画などへの積極的な関与である。全国保育団体，県児童福祉審議会，市社会福祉審議会，市社会福祉協議会，市生涯学習審議会などへの職員派遣である。この機能においては，即効的な効果は求めず過程を重視する。関与の過程効果として保育所・支援センターに対する社会的評価の広がりがある。また，施設運営上，制度上のマイナーチェンジの機会が必ずあり，重視した。

そして最後に第五点目には予防機能（セーフティネットワーク機能）の強化である。前述した子どもや利用者の地域的な中間領域としての機能でもある。対症療法的な旧来的な社会福祉からウェルビーイングの理念に基づくソーシャルワーク機能の方向づけが考えられる。

2．機能の実際

はじめに第1類型の「保育提供型支援活動」についてであるが，この活動は，利用児・者に対する直接的支援であることが特徴である。送迎待機保育，待機児対策保育など比較的新しいタイプの活動がみられる。特に送迎待機保育は，バスの導入，複数指定保育所を巡回する，延長保育よりさらに長時間にわたる保育が可能（開所時間が午前6時30分〜午後9時00分）などの特徴がある。極端な利用想定をすると親の就労が週所定労働時間規定に抵触し，親と指定保育所との関係を希薄化しかねないなどの懸念がある。送迎待機保育という新しい保育が，親の利便性のみに対応する機能として収束してしまうことが懸念される。

これらの懸念に対して行政主幹課と何度となく調整を図り，次の留意点の合意を得ることとなった。すなわち，①利用時間は必要範囲を原則とする，②保護者は，週1回程度，子の在籍する指定保育所にかかわる。③保護者は，指定保育所保育士とのコミュニケーションに留意する，などである。新しいシステムのなかで新しい活動形態に臨む時，それが子の育ち保障と親の利便性保障とが整合されるように機能を図るべきである。新しいシステムが，たんなる「子育て支援」ではなく「子育ち・子育て支援」としての機能を確実に形成化していくことが重要である。新しいシステムの成熟過程において，そのシステムの求める本質を明確にし，普遍化につなげていくことがソーシャルワークの役割である。

また，「子育て広場」の「場」の提供とは，たんなる空間と時間の提供ではない。多様なソーシャルワークの専門性をもつ保育士がこの「場」に"いる"ことが大切なのである。利用者同士のかかわり，利用者から保育士への主体的かかわり，保育士から利用者への主体的かかわりが日常的に，構えることなく交錯し力動が展開する「場」のキーパーソンとして保育士が"いる"ことが重要である。

　子育て支援センターにおける相談活動の特徴としては，相対する面談形式という形態よりも「保育提供活動」や「その他の支援活動」に付随し，内容的には基本的生活習慣に関するものが主流となっている。このことは逆説的にいうと，それだけ子育てに関する相談の「場」が利用者の家庭・地域にみつからず，その代替を子育て支援センターが担っているといえるのではなかろうか。

　次に，第2類型の「アウトリーチ型」について考察する。2015（平成27）年度の支援センターの来所者数は，3,693人（短時間保育），6,490組（子育て広場）であり，非常に大きい数値である。しかし我々が懸念するのは，ニーズをもつが支援センター利用につながらない人々，支援センターをまだ知らない人々の存在である。育児に関して相談・協力し合う相手がいない親，多忙な生活のなかでがんばっている親，十代後半で育児に奮闘する若き親への思いがある。必要があれば出かけていくことに躊躇はしない。利用者の来所を待つだけではなく，ニーズがあればそこに赴き，ニーズが潜在化されているならば顕在化を図ることはソーシャルワーク機能であると考える。

　最後に第3類型の「ソーシャルワーク型」について考察する。この類型の特徴は極めて幅広いが，利用児・者に対する最も重視されることは，直接的支援活動だけではなく，幅広いソーシャルアクション，コミュニティワーク，コーディネート等のソーシャルワークの実践である。

　直接的支援活動に対しては，現任保育士の保育技術は養成機関でトレーニングを受け，かつ保育経験を積み重ねることでその専門性を深めることが可能となっている。しかしソーシャルアクション，コミュニティワーク，コーディネーション等のソーシャルワーク技術については養成機関での履修の在り方，現任研修の在り方が課題としてある。したがって，現行の実習と求人・求職を軸とした保育現場と養成機関との関係性は見直しが求められる。

　たとえば，インターンシップ，スーパービジョン，リカレント教育の軸を強化し，保育所・支援センター職員と養成機関教員が多様な形態で相互の臨床場面を共有

化していくことが必要である。支援拠点事業の第2種社会福祉事業化で支援センター機能と保育所機能との分離の可能性が示唆されるが，むしろ逆に双方の特性を踏まえた包括的な施設形態を今後は求めるべきだと考える。その過程で「保育ソーシャルワーク」の実体概念が構築されていくことを望む。

第4節　おわりに

　保育所や地域子育て支援センターでの活動をふり返ると，さまざまなことや卒所生を思い出す。事例Hと共に車椅子でがんばったKは今，アパートでの独立を計画している。療養で通院生活の卒所生のTは，ふらっと来て飲茶して帰って行く。幼少期に保育所で出会った彼らと保育所は今もつながっている。同窓の子どもたちも彼らを忘れていない。過日，保育所で自転車を購入した。卒所生の職人Tに分解して園児の前で組み立ててもらった。子どもたちの眼差しは一段と輝いた。自転車職人としてのTの人柄に触れたのだろう。

　たくさんの人々との出会い，いろいろな直接経験がどれほど子どもの心に響くものかと感じた。障がいを抱えた人々，地域の多様な方々との出会いが糧となって子どもたちは大きく育つ。

　保育所，地域子育て支援センターは，（民間）児童福祉施設として制度やシステムに対して受動的ではない，むしろ制度の狭間におけるさまざまな社会的問題に真摯に向き合うことにアイデンティティ（Identity）を自覚する。保育所，地域子育て支援センターのソーシャルワークもこの制度の狭間にある問題を捨象することなく多岐にわたる課題に対してそのベクトルを向け，同時にすべての子どもたちの豊かな育ちにもベクトルを向けることが必要である。

注

1）当時の種別施設名。
2）創作人形劇，絵本フェスティバル，玩具の貸し出しなど。

乳児院における
ソーシャルワーク

第1節　施設の概要

　乳児院とは，児童福祉法第37条に「乳児（保健上安定した生活環境の確保その他の理由により特に必要のある幼児を含む）を入院させて，これを養育し，あわせて退院した者について相談その他の援助を行うことを目的とする」と規定されている措置施設である。主に新生児から1歳の乳幼児を対象とした入所居住型児童福祉施設である。

　「赤ちゃん版児童養護施設」である乳児院は，各都道府県に必ず1か所あり，全国に134か所（平成27年度末時点），約3千人の赤ちゃんが生活しているが，まだ一般的にはあまり知られていない児童福祉施設である（厚生労働省，2015）。

1．入所理由・利用者の状況

　入所理由としては，虐待，親の疾患疾病，親の就労（借金・貧困），受刑，次子出産などとさまざまであるが，第一は虐待27.1%（うち73.9%が放任・怠惰），第二は父親または母親の精神疾患等が22.2%と二大主訴となっている（厚生労働省，2015）。特に母親の精神疾患による理由が他の児童福祉施設と比べ圧倒的に多い。生活を全面的に養育者に依存している年齢の子どもたちが対象であるため，主訴は虐待であっても，虐待ととらえられる状態にいたった根本的な原因が保護者の精神状態の悪化による場合も多いのである。

　また子どもの貧困，特にひとり親家庭の経済的に厳しい状況が明るみになっているが，入所児童の家庭も生活保護受給世帯，非課税世帯の多い傾向がより強くなっている。それに加えて情報の貧困，人とのつながりの希薄さも顕著に見受けられる。情報の貧困という点では，妊娠健診未受診のまま出生にいたっている子どもが一定数いる。その理由としては，未受診であることで母子の健康面に危険

が及ぶことを知らなかったり，助産制度を知らず経済的に受診できないと考えていたりすることなどがある。

人とのつながりの希薄さという点では，子どもにとっての祖父母と良好な関係が築けていないことが多く，親自身が"人を信頼する"，"困った時に人を頼る"ということを体感できていない家庭が多い。そんな家庭にはまず，親自身に「職員のことを信じてみようかな」「頼ってみてもいいかな」と思ってもらえるように丁寧にかかわっていく必要がある。

出産前から施設入所を強く希望し，産院で一緒に過ごす間も頑なに子どもとのかかわりを拒否していた親でも，1歳の誕生日を前に「もうすぐ1歳だから…。元気にしていますか？」と様子うかがいの電話が入ったり，特別養子縁組が決まった連絡が入ると「小さいうちに里親さんが決まってよかった！」と新たな門出を喜んでくれたり，名づけの由来を尋ねると「人から愛され，健やかに育つように」との想いが込められていたりする。また子どもから「ママのおなかのなか，気持ちよかった」と胎児期の感想が語られることもある。

入所前後の保護者の姿は，投げやりであったり，無関心に感じられたり，胎児期をどのように過ごしていたのか心配することがある。しかしこのようなことがあると，やはり保護者にとって施設入所を決断することは苦渋の選択であったこと，さまざまな理由から養育にかかわらない選択をしたものの心のなかではその子を育み幸せを祈っていることをあらためて知ることができる。

保護者にとって「子どもを施設に預けたこと」が，子どもにとって「社会的養護下で育ったこと」が肯定的に受け止められるようになるために，施設職員としてできることは，一人ひとりの子どもと丁寧に向き合い養育していくことが最も重要なのだと感じている。

2. 乳児院の役割

施設ができた当初の"孤児院"と呼ばれていた名前から連想する状況とは異なり今日では，入所時点で両親あるいはひとり親がいる場合は96.9%，入所中家族との交流がある子どもは80.6%，そのうちの半数は月1回以上の面会・外泊がある（厚生労働省，2015）。また退所先としても，半数が家庭復帰となっており，措置入所期間は1年となっている。3か月未満で退所していく短期入所（次子出産やきょうだいの病気，母の外科内科的疾患が主な理由）の子どもと，出生病院

から直接やってきて，特別養子縁組や3歳を迎える前に次の生活施設へ措置変更していく入所期間が2年強と長期化している子どもに二極化している。入所期間が1か月未満の子どもが約26%，3か月未満までの子どもを含めると約48%となり，短期入所の子どもが定員の4分の1ほどいるため，乳児院における家庭復帰率が高く，措置入所期間が短い数値となっている。

短期入所の子どもたちに対しては，家族にとっての緊急時における子育て支援の役割を担っている。特に子どもの親に対しての愛着が途切れてしまわない支援が必要である。一方，長期入所の子どもたちに対しては，心身に受けた傷の手当て，親子関係構築場面では，特に親の子どもに対しての愛着も含めて途切れてしまわないように，一から，あるいは時にはマイナスから構築のサポートが必要である。そのため乳幼児の養育だけでなく，保護者支援や親子関係調整・機能回復支援を保護者と協働することが求められている。

一方で一時保護委託が常態化しており，なかでも保護者からの施設入所の同意が得られず家庭裁判所の承認を得て措置にいたる（児童福祉法第28条）こともあり，施設入所にいたるまでの子どもの生活状況が把握できないまま，施設での養育をしていかなければならないこともある。

また，子ども自身の問題を主訴とした入所は0.3%にすぎないが，身体虚弱を含めた障がいがある子どもは28.2%，"罹患傾向にあり"とされる子どもは65.3%にものぼる。具体的には，未熟児として生まれた，母子感染による肝炎などのキャリアをもっている，感染症にかかりやすくすぐに悪化するなどである。胎児期に母体を通して各種薬物（抗精神薬や覚醒剤などの違法薬物）にさらされていた子どもも一定数いる。

罹患傾向には含まれないが，緊張が強く，眠っている時やミルクを飲んでいる時でさえ身体を反り返らせる子どもや，お腹がすいているのにじょうずにミルクを飲めない子どもがいる。何らかの理由から，どんどん変化する体調に不安を抱えながら妊娠期を過ごした母の揺らぎ，あるいは胎児である子どもへ配慮した生活が送られていなかったなど，胎児期から不安定な生活・心身状態にある子どもも少なくない。乳児院には，医師・看護師の配置が義務づけられているが，養育担当者と医療との連携がたいへん重要になっている。

近年，新たに配置されている心理療法担当職員による，子どもへのプレイセラピーや心理療法担当職員と養育担当職員でのカンファレンスの活用が重要となっ

第5章 乳児院におけるソーシャルワーク

てきている。

第2節 事例から

1．事例（1） 知的障がいのある母親とAちゃんの家庭引き取りに向けた支援

> 臀部広範囲にわたり，肌がただれているAちゃん（生後4か月）を児童相談所が一時保護し，病院に入院中であるとの連絡が当院にあった。入院治療の結果，肌のただれはやけどではなくおむつかぶれが悪化したものとわかった。
> 　母親は知的障がいがあり，本児に対して愛情はあるものの適切な養育が行えていない。母親からの聴き取りにより，本児へ飲ませていたミルクは一度にたくさんつくり，ミルクの時間になるとレンジで温めなおし授乳していたことが判明した。そのため，繰り返しお腹を下していたことと便をきちんと拭き取れていなかったことでおむつかぶれが悪化していったと思われる。
> 　Aちゃんの状況は，大人と目が合えば，すぐにニコッと笑顔を浮かべ友好的である。しかし一度泣き出すとかかわっても落ち着けず，抱っこを拒否。自分が納得するまで全身で怒りを表現し，泣き続ける。体格や運動発達は，月齢相応であるものの体軸が不安定であった。そのことから日常的には言葉をかけてかかわってもらっていたが，泣き出すと本児の要求にかかわらずすぐにミルクをもらって対応されていたのではないかと思われた。

　援助方針としては，Aちゃんに対してまずはスキンシップが心地よいものとなるように，担当職員中心にかかわり，その関係を基礎に感情表出が分化されることを保障することにした。また，母に対しては，Aちゃんへの愛情が途切れないように交流の機会を保障する。そして，面会のなかで"乳幼児"の育児手技を獲得してもらうことに向けて支援することが決まった。

　具体的な取り組みとしては，母の面会（1日1時間から2時間）が開始されてすぐは，ほぼ毎日，居室内で過ごしてもらうことにした。そして，母が対応に困っている様子がみられたら職員が介入するとともに，職員の対応を言葉で説明しながらみてもらった。あわせて授乳・離乳食・おしめ交換などにもかかわってもらい，慣れてきたら面会室も活用し，母子の時間をもてるようにした。ほぼ毎日面会に来ていたこともあり，母と職員との関係も築け，困った時には助けを求め

49

られるようになった。その後，職員つき添いの散歩から母子の散歩と段階をふんでステップアップしていた。

そのようななか，母のＡちゃんへの愛情は強くなり，いつかは引き取りたいとの思いから，前向きにＡちゃんにかかわる姿がみられた。

Ａちゃんは安定した生活のなかで母子関係も育んできたものの，まだまだ怒りの表出が激しい。しかし激しく泣いている時でも担当職員の抱っこを拒むことが減り，スキンシップで落ち着けるようになってきた。

その後，Ａちゃんが１歳半になった時，疎遠になっていた母方祖母と母が和解し，一定サポートを得られることとなる。そのため，年度末（２歳半）に祖母のサポートとヘルパー・保育所などの資源を利用しながら，家庭引き取りをめざすことに決まった。そのため面会だけでなく，外出泊と段階的に交流方法を進めていくこととなる。

具体的な取り組みとしては，まず乳児院で用意したおやつをもって，昼食後から夕食前まで自宅へ外出するようにした。"おやつをもって"外出を開始したのは，母一人で外出に向けて準備を減らすことで負担軽減し，Ａちゃんにとっては"家に慣れること"，母にとっては"Ａちゃんがいる家で養育しながら過ごすこと"に集中してもらうためであった。このかたちでの外出に慣れてくると年齢に見合ったおやつ内容や量を母自身が準備するようになった。そして送迎時には，養育担当者から医療面の配慮，発達，予測される行動の説明や栄養士から食事段階のすすめ方や調理の際に配慮すべきことなど，テーマを細かく区切って何度も伝えるようにした。特に母を大好きな気持ちを育んでいる一方で，まだまだ自分を出せないＡちゃんが，今後行なうであろう"試し行動"やその時の対応方法を具体的に示しながら，母の理解を得られるようにした。

また外出時間を延ばしていく前には，栄養士と養育担当者や家庭支援専門相談員で家庭訪問し，実際母が生活する環境，器具を使って調理実習を行ったり，施設内でも調理実習を行い，母が幼児食をつくる経験を積み重ねられるようにした。

家庭復帰した際に，家庭内で過ごす母子に一番接するのは，母の利用するヘルパーである。そのことから対象を母のみとしたヘルパー派遣だけでなく，"子育てを行う母"を支援するヘルパー利用へサービス内容を移行していった。またその事業所は親子サロンや就労移行支援などの事業を行っているため，家事支援に加えてそれらのサービスも外出泊時から活用していった。

3月に保育所も決まり，まだまだ心配な面はあったが，関係機関で役割分担しながら，家庭復帰後のサポート体制を整えた。
　そして4月から次の年の3月までの1年間は，月1回定期的に当院でのショートステイを利用することで，Aちゃんと母それぞれのレスパイトを行うなど，具体的な養育相談を実施できた。
　現在の状況であるが，母はAちゃんの対応に困り，ヘルパー事業所や当院へも相談の電話や「発表会で頑張ったAちゃんをみて！」と動画をみせに来院している。また関係機関で連絡を取り合い，情報共有したり役割分担を再確認し合う状況は続いている。けれどもAちゃんの対応にどんなに困っている時でも，母は「どんなに困らされても，自分のことを信じてぶつかってくれるようになったのがうれしい」と話している。現在では，Aちゃんの年齢が高くなり，母子に対して乳児院として，ショートステイでの預かりなど具体的な支援を行えることはなくなってきている。

2．事例(1)のコメント

　乳幼児の育児手技（子育て）は，親自身の生活力の有無に関係なく，特殊な手技が求められる。特に親に障がいがある場合には，心から納得できていないと継続して実行されない。子ども側も小さな配慮が欠けるだけで健康状態に影響を受け，すぐに生命への危険につながる時期である。
　Aちゃんの母も子どもへの愛情はあるものの，乳児の子育てを丁寧に教えてくれる人が周りにいなかったために，母子分離までいたってしまった。妊娠中，少なくとも出産後のサポート体制の充実を強く感じた事例であった。
　具体的な支援場面では，居室での面会が半年以上の取り組みとなった。この時期，母と職員が密にかかわれたことで，母と職員の信頼関係が構築された。そしてAちゃんにとってもいつも生活をしている場所で，職員に見守られながら安心して，母との関係を築いていけた。母子にとっては貴重な期間であったと感じている。
　一方"毎日""居室で"面会する家庭が，同時期にほとんどいなかったため実施できたという現状があり，いつでも，どの家庭に対してもできる支援ではない。
　また，Aちゃんと母が毎日面会している様子をみていた保護者との関係が希薄な子どもが，「自分のママは来ない！」と泣き崩れることがあった。このように

他の子どもが具体的に言動で心の揺れを表すことは稀であったが，同居室で生活している子どもへ与える影響について，配慮が必要であったと反省させられることがあった。

外出・外泊と進めていくなかで職員は，今の時期に取り組む外出（外泊）の目的は何か？と一歩一歩立ち止まり，支援内容の検討を行った。「母への心身，経済面への負担が軽減されるのであれば，おやつや衣類各種は当院で準備すればよい」「臨機応変がむずかしいのであれば，実際に母が使う家へ行って調理の練習をすればよい」と柔軟に支援の提案・実践ができた。それら職員の提案に対しても，母自身「Aちゃんを引き取って育てるために」と受け入れられる方だったため，家庭引き取りまでたどり着いたのではないかと感じている。

3．事例（2）　地域資源としての家庭支援

> 急性気管支肺炎のため，病院にて入院中のBくん（生後10ヵ月）。母は精神疾患があり体調が優れず，退院後，病後のケアが必要なBは看られないのでショートステイで預かってほしいと母より相談が入る。
> 　病院に状況を問い合わせたところ，Bくんが生後6ヵ月ごろから体調を崩すと母の養育困難・疲労感が高まり，病院へ通院しては入院治療を強く希望するようになったとのことであった。今回も病状は軽度であったが，母の様子から家庭で養育看護を行うことはむずかしいだろうと判断し，入院治療を実施，母の都合で退院が延びている状況である。
> 　以上のことから入院生活が継続されることはBくんにとってよくないことと，母の療育に限界がきていると思われるため，ショートステイでの預かりを行うこととした。
> 　Bくんは生後10か月であったが，単発の寝返りが何とかできる運動発達段階だった。人見知りや場所見知りはみられず，母と離れる際にも泣くことはなく，表情の変化も見受けられなかった。乳児院の生活は，家庭にいるよりも刺激が多いはずであるが，「興味をもてるのは，ベビーベッドぐらいの広さまで」と表現されるほど，興味関心の視野が狭い状態であった。
> 　そのため家庭でのかかわりが不十分であったため発達がゆっくりなのか，もともとBくん自身が発達に課題を抱えているのか判断できなかった。しかしショートステイ期間中に密なかかわりをもつと，その職員を他の大人と分化して認識でき，寝返りをする頻度が増えるなど，本来Bくんがもっている力を感じることができ，まずBくんの生活環境を整える必要性が感じられた。

ショートステイ中の様子を児童相談所に伝えるが,「ネグレクト傾向にあると認識しているが,母に施設入所のニーズがないので保護は考えていない」との返答であった。また,保健福祉センターは「月齢相応の健診や予防接種がされていないことは把握しているが,直接支援は行っていない」,Bくんの通う保育園からは,「Bくんに問題を感じておらず,気になる家庭ではない。」,そして生活保護担当者は,「良好な関係ではあるが,子どもについてのアドバイスは聞き入れてもらえない。」とのこと。このことから,一定各種関係機関がかかわっているものの,育児相談していく先がない,精神的に孤立している状態であることがみえてきた。

そのため,援助の方針として,まず①養育困難が主訴の入院を減らすこと(母よりショートステイのニーズがあれば,優先的に受け入れる),②当院にいる際には,発達保障・特定の大人との信頼,愛着関係を構築すること,③母の育児手技獲得に向けた支援を行うこととした。

具体的な取り組みとしては,まず母が困った時の連絡先になるよう,信頼関係構築に努めた。まず母から預かりのニーズが出れば,基本的に午前9時から午後6時の入室としているが,それ以外の時間帯であっても預かるようにした。

また,出入りの際には,かかわりが困難な場面の聞き取りとアドバイスを行った。大変な時には預かってほしい気持ちに寄り添ったことや,日を追うごとに職員とBくんの関係ができていく様子をみて安心感が生まれたことなどが重なり,母から,どう子どもにかかわったらよいか不安に思っていることの表出がされるようになった。

その結果,養育困難になるたびに入院対応を求めて病院を受診することがなくなり,家と乳児院での生活へと切り替わっていった。家で過ごす期間が長くなり母子関係が構築され,母子分離の際には激しく泣いて母を求めるようになった。また再入室のたびに運動発達が後退していたが,すこしずつ現状維持されるようになった。意に添わないときにはヘッドバンキングで意思表示をしていたBくんだったが,泣きながら大人に訴えられるようになっていった。

現在の状況であるが,まだまだ母の精神的不安定さはあり,愛情はあるものの疲労感が高まれば子どもへ年齢相応のケアが行えていない時期は存在する。しかし,少しずつ保健福祉センターや児童相談所の介入も許せるようになり,支援の輪が広がってきた。

母から預かり希望の電話が頻繁に入っていた初回相談時から半年間は少しずつ家庭で過ごす期間が長くなってきた。そして初回相談時から１年が経ち，預かり希望だけでなく育児相談にとどまる電話が増えている。

4．事例(2)のコメント

　措置児童とは異なりショートステイ児童は，各種関係機関からの情報が児童相談所に集約されて得られるわけではない。そして当院自体が地域資源の一つとしての位置づけのため，得られる情報も限られたなか，援助方針を単独で立てていかなければならない不安がある。

　また同時期に保護者の精神疾患を主訴に毎月ショートステイ利用されている家庭が，他に３家庭あった。子どもの生活の場所が，家（すべて日中保育園を利用）と乳児院を行き来し，不安定になるならば措置入所につなげるほうがよいのか？このままショートステイを利用しながら家庭養育を継続するほうがよいのか？子どもの最善の利益とは？と悩みながらの支援となっている。

　当院では，親族を頼れず核家族のみで生活をしている家族の利用が多い。特に母親の心身の状態に乳幼児の養育環境が左右されがちである。今後は措置入所にいたらずとも，ショートステイなどを利用しながら家庭養育継続を望む家庭が増えてくると思われる。児童相談所と協働し支援を行うだけでなく，院独自でアセスメントし，ふだんその子どもが所属している地域資源とも情報共有・役割分担しながら，支援を進める力が求められてきている。

　ショートステイ児童が増えることで，措置入所児童の居室への出入りが頻回になり居室が落ち着かないこと，特に冬場の感染症流行期には病気のうつし合いが起こることがある。ショートステイで緊急でサポートが必要な子どもへの支援と同時に，乳児院を生活場所としている措置児の安心できる生活環境の保障も求められる。

　当院では来年度より措置児童の居室とは別に，ショートステイ児童の活動居室を確保していく予定にしているが，財源や職員の確保に頭を悩ませているのが現状である。

第3節　おわりに

　乳児院での生活は，最長でも3年ほどという決して長くない期間ではあるが，節目のイベントや発達課題が多くあり，内容の濃い時期である。そして子どもにとって生活の場であり，健康と安全に対する十分な配慮や個別的なきめ細やかなかかわり，特定の人物との間に信頼関係と愛着関係を築く大切な時間である。

　まず出生した家庭で養育されること，それがむずかしい時には里親宅で養育しようという「家庭的養護推進計画」の流れがある。子どもの最善の利益を考えて，それらが具体的に進められるサポート体制の充実が図られることを強く望む。

　一方で日々地域のニーズと向き合っていると，親子別で生活するのでなく一時的に養育困難となりショートステイでのサポートが必要な家庭，育児手技獲得に向けた支援が必要な家庭，育ちに何らかのサポートが必要な子どもたちの養育看護が求められていることを感じる。

　乳児院には，乳幼児期の子どもたちにかかわれる各種専門職が勤務しているため，それらのニーズに応えていける。しかし，ひとつの家庭で多様な課題やニーズが複合的に存在することが多い昨今では，そのような家庭を同時に支援していく必要があるため，各種専門職が役割を分担し，優先順位をつけながらも個別支援計画に沿ってアプローチしていくことが大切である。特に施設内で援助方針会議をもつと専門職によって，その家族の弱みや強みの見え方が異なっていることが少なくない。そんな時には，お互いの意見を尊重しながら，チームとして足並みをそろえた個別支援計画の立案が重要である。

　多様化しているニーズや社会資源としての乳児院に求められている子育て支援機能に敏感に目を向けながら，乳児院の役割を担っていきたい。

児童養護施設における
ソーシャルワーク

第1節　施設の概要

　児童養護施設は，さまざまな理由により家族と暮らせない2～18歳（最長20歳）までの子どもたちが生活をする場である。現在，社会的養護において保護を必要とする子どもたちのうち児童養護施設に入所している割合は，6割と，最も多い。児童養護施設ではこの10年をみても虐待を受けた子どもや発達障害のある子どもの入所が増加し，子どもたち一人ひとりへのケアに現場の職員は日々悩みながら実践を進めている状況である。

　2011（平成23）年に厚生労働省から示された「社会的養護の課題と将来像の実現に向けて」において，児童養護施設はより小規模化に進んでいくことが示され，これまでの大規模施設から小規模・家庭的養育の実践に向かって，各施設がユニット化・地域小規模児童養護施設（グループホーム）化に取り組みを進めている。小規模化が進むなかでは，子どもの養育をどのように進め，地域とつなげてゆくのか，ソーシャルワークとしての視点がより必要であると感じている。

　ケアワーカーとしての子どもへのかかわりだけでなく，心理療法担当職員や精神科医などが配置される施設では，連携したチーム養育を発揮できることが強みとなる。また，子どもたちを養育していくうえで保護者とのつながりはもちろんだが，児童相談所，学校や医療機関，家庭復帰においては地域の子育て支援機関等，子どもを取り巻く各種機関との連携が欠かせない。入所以前の生活から退所後の生活までも含めて，子どもの人生が点と点で分断せず，線とつなげていけるよう，児童養護施設の子どもの養育においてはソーシャルワークとしての実践が必須となっている。

　児童養護施設では家庭支援専門相談員などのソーシャルワーカーの配置もあるが，本章ではそれだけではない，担当職員としての，また担当職員以外のかかわりとしての施設内のソーシャルワーク実践について事例に取り上げていく。

第2節　事例から

1. 事例(1)　発達障害・被虐待であるAさんの自立支援

　Aさんは幼少期より発達障害の診断があり，母子家庭という環境で母も養育にたいへん苦慮をし，虐待を原因に中学生で施設入所となった。関係者の尽力で入所となったが，同意はしたものの母子にはしこりが残る形となっていた。

　入所当時のAさんの生活は基本的な生活習慣（食事や入浴，睡眠）が整わず，登校状況はほとんどが遅刻であった。発達障害による特性と共に母への思いから生活はなかなか安定せず，とくに園内や学校でも同年代の子どもたちとの折り合いが悪く，本人の衝動的な行動からクレームは絶えなかった。園内では心理療法担当職員の行動療法によりAさんが心身のコントロールを少しずつ身につけていけるように取り組みを始めた。また，入所前から通っていたクリニックには継続的に通院をした。

　この間，母は入所後も落ち着かない生活のAさんや関係機関に拒否的な状況が続いた。家庭関係が希薄ななか，児童福祉司は定期的な面接を重ね，受験合格の際には外出してお祝いもしてくれた。また，入所前の学校の教員は，その後も継続した面会によりAさんの成長を見つめ続けてくれた。

　高校へ入っても，Aさんの登校状況はやはり安定せず，飲酒喫煙や深夜徘徊もあり，卒業はむずかしいだろうと学校からは伝えられていた。担任とはAさんについての情報共有を密に行い，学校と施設での役割分担を行った。園内ではかかわりの深い主任が本人を叱咤激励し，学校の呼び出しにも同席して，何とか1年1年と留年や退学を免れた。

　母との関係としては，高校入学後に少しずつ交流を再会することができたが，緊張感の高い関係は続いていた。トラブルになるたびにAさんと母との関係における対応方法を考えると同時に，母にAさんの理解を深めてもらえるよう，母の気持ちを受け止めつつAさんの思いを代弁し続けた。関係機関に拒否的だった母も，これまでの養育のつらさや今後に対しての不安を伝えてくれ，数年後にはAさんのこれからについて話し合えるようになっていった。

　金銭管理には大きな課題があったが，アルバイトは継続して取り組むことができ，貯金も目標金額をためることができた。悩んだ末に高校3年生時Aさんから進学の意向が出た際は，関係者が皆厳しさを感じるなか，話し合いを何度も重ね，本人の意向を支援した。高校の尽力もあり，受験に合格し，高校も無事に卒業を迎えることもできた。高校卒業・施設からの卒園，そして大学進学を果たしたことはAさんの大きな自信となった。

事例(1)はAさんとのかかわりを，担当職員としてのソーシャルワーク実践として経過を綴っている。以下いくつかのポイントに分けて事例をふり返っていく。

①本人を知ること・とらえること

発達障害の診断があるAさんには，本人も後で振り返るとびっくりするような衝動的な行動が多く，一緒に生活をするホームの子どもたちは当初本当に困ったり嫌がったりしていた。

担当職員としてまずはAさんからこれまでの生活をきくこと，思いや考えていることをきくこと，そこからできることを一緒に考えることが支援の始まりであった。通院などの個別でかかわれる時間や，夜にお茶を飲みながらのたわいのない話から，Aさん自身を知っていった。もちろん担当間でさまざまな参考文献に当たり，研修を受けて理解も深めたが，発達障害や虐待とは「こうあるもの」と決めてかかることがなかったこと，それが「Aさん自身」を見失わなかったことにつながっていったと考える。日常のなかや，部屋会（ホームでの話し合いの場）を重ねながら，大人も子どもも「Aさんってこういう人」という理解が少しずつ深まっていった。

また，入所前から通っていたクリニックに継続して通院できたことは，これまでの母子関係も含めた生活と，Aさん自身への理解を深めることができた貴重な機会であった。

②チーム養育にかかわりを広げる

Aさんは入所まもなくから園内心理療法担当職員とのかかわりをもった。この心理療法担当職員の行動療法による身体的なアプローチから，Aさんは自身の身体イメージをつかめたり，自分の内側に視点が向くようになっていった。変化は大きく，たとえば入所直後は注意が移ってしまい座って5分話すことも困難だったが，数年後には向かい合って数時間話をできるまでに改善している。

学校への呼び出しや警察対応などでかかわってもらった主任は，Aさんにとってほめられたい対象として，大切な存在となっていた。担当とのかかわりに終始させず，必要に応じてこの主任とのかかわりもオーダーを出して取り組んだ。少し距離感のあるこの主任とかかわりから，Aさんは自分自身を整理したり，生活に前向きになれるようエネルギーを注いでもらっていた。

③本人を取り巻く環境との連携

筆者は必ず年度の初めにそれぞれの子どもの学校の担任と面接を行い，「必要

があればいつでも呼び出してください」と伝えていたが，実際Aさんは毎年さまざまなな問題を起こし，学校からはタイミングをみて呼び出しがくる関係性となった。「卒業は困難」という見立てだったが，粘り強く担任がかかわり，Aさんの調子の上がり下がりも共有しながら，課題へのアプローチも役割分担して対応していった。

　子ども自身を取り巻く世界や，その関係者を大切にすること，それが何よりも大事な取り組みだと考え，Aさんのもつ"つながり"は大切に取り扱った。

　一時保護に尽力した学校の教員は入所後にも施設まで訪問をしてくれ，その後も退職までかかわりをもちAさんの成長を褒め喜んでくれた。これはAさんにとっても成長した姿をみせたいという大きなエネルギーとなっていた。

　また，入所から長く担当してくれた児童福祉司は多忙を極める児童相談所において，ことあるごとに面接の時間をとってくれた。入所に対して児童福祉司への反感が強かったAさんも，そういった児童福祉司の思いをやがてキャッチしていき，高校入学時にもらったお祝いを今も大切にしている。筆者が最近この児童福祉司にお会いした時に，当時を振り返って「なかなか子どものその後が児童福祉司は分からないものです。Aさんが自分とのかかわりを大事にしていてくれることは自分にとっても大きく残っている」とおっしゃっていた。ソーシャルワーカーが担う「つなぐ役割」の大切さ，それを実感するエピソードであった。

④ファミリーソーシャルワーク

　ホーム長や家庭支援専門相談員からは，子どもに思いを寄せる母だからこそ，不安から目の前の子ども対して厳しさが出たり，"今"接することを拒否したりしているのだと，母の思いに筆者自身が気づいていけるようにと，助言を受けていた。筆者自身の母へのリスペクトが育ち・ゆるがないものになったのは，この母の背景を，職場内で，また母自身から根気よく教えていただいたからだと考える。

　一方であくまで子どもの視点に立つことが児童養護施設で働くソーシャルワーカーとしての役割であり，Aさん人生の決断は本人自身が行うものである。そこに対して母の意向に添えない状況は多々あった。話し合いを重ね，ぶつかりながら，怒られながら，それでも話し合いを重ね続けることしかなかったように思う。本人の特性から母子のトラブルにつながってしまう行動も，母に理解を促すよう努めていった。同時に本人の成長やがんばりこそが伝えられるように，母に対してAさんがよいパフォーマンスができるための声かけは大切にしてきた。最終的

に母の気持ちが動いたのはAさん本人のがんばりであり，成長である。

　今回の執筆に当たり，Aさんと当時をふり返り話したが，特に伝えてくれたのはこの点であった。担当職員は，これまで困難さを抱えていた母との関係に向き合うために横にいて支えてくれる存在であり，母との関係のとり方のひとつのモデルであったという。担当職員が代わりにやってくれたことを，自分でやれるようになっていったのだと話していた。ただふり返ったAさんからは，代弁だけでなく本人自身に主張させることも重要だと課題を教えてもらった。本当の意味での「アドボケイト」にはまだまだ到達できていなかったと反省にいたった。

⑤本人を軸にした自立支援

　大学に進学しての自立はAさんにとってハードルが高く，生活状況から考えるとおおよそむずかしいものだった。本人とも何度も話をし，担当や園内でカンファレンスをするなかでは，筆者も強く反対をしていた。しかし，Aさんの意向に沿うというところから筆者らのチームはぶれなかったし，そのために何ができるか，を常に模索していった。Aさんにとって進学はむずかしいのではないかという筆者の見立て（意見）とは違っても，チームの結果をうけてこの進路支援に中心となって取り組んだ。経験の浅い筆者がもし個別でかかわる状況が強ければ，Aさんに大学進学をあきらめさせ，就労支援の道を支援していたであろう。さまざまな意見が出されながらも，Aさんの意向に添うというところに収束していったのは，担当が「チーム」であることの強みであるかと思う。

　そして関係機関や母親とチームとなり，Aさんの進学を進めることになった。担任はAさんが卒業できるよう叱咤激励すると共に，進路指導教員が生活面も含め進学可能な大学を探し，受験に向け課外指導をしてくれた。母親も金銭管理など，進学時にできることを考えてくれた。①～④までの取り組みは，最終的にはこのAさんの大学進学という自立支援に取り組むためのチームづくりであったと考える。施設は退所後3年を超えてもアフターケアでかかわりを続けた。

　しかしながら，Aさんは結果として進学した大学を中退という形になってしまった。Aさんはその後さまざまな苦労を重ねたが，今はアルバイトではあるが好きな仕事に就きひとり暮らしを始めている。大学進学への支援検討した筆者らのチームの見立ては，実はアフターケアのこの過程までがセットであった。Aさんの人生はまだまだ始まったばかりだが，本人が「決断」をして歩んだ道であるので，「あれがあったから今がある。後悔していない」とAさん自身が心から思えている。

大人に左右された子ども期を経てきているAさんが，自分の人生と実感して今を生きていること，それが何よりだと思う。

⑥取り組みを見つめ直し，イノベーションを

　筆者がかかわった子どもたちは，皆自分たちの人生に対しての思いを新米であった筆者に本当にさまざまな形で伝えてくれ，それが自分のソーシャルワークの根っことなったと感じている。言葉にすれば安直だが「子どもの思いに寄り添う」ということは実は簡単なようでむずかしい。自戒を込めるが，得てして大人が「勝手に解釈をして」，大人からみた必要なものを押しつけてしまうことが往々にしてある。また一方で，「子どもがこういっていたから」と子どもの意向に添うという形をとって大人が責任逃れをしてしまうこともあり得るのだ。

　たとえば自立支援計画書だが，筆者が入職したころは日々のかかわりから児童の意向を汲み取り，職員が作成するのみであり，子どもたちはそういったものがあることすら知らない状況だった。筆者がホーム長になった時にまず取り組んだのは，この自立支援計画書を子どもと一緒に作ることだった。

　項目から書きやすいように子ども版の「私の自立支援計画書」を作り，年度初めに話し合うことを始めた。これにより，たとえば入所理由として本人がとらえているものが年度を追うごとに理解が深まっていくなど，日々の会話からみえない「今こういうふうにとらえているよ」ということを伝えてもらうきっかけにもなった。ホームでの取り組みは次の年から施設全体としての取り組みとなり，以降年齢も下げて今は定着をした取り組みとなっている。

　このように施設の実践のなかでは変化をつけていかなければならないものがたくさん抜け落ちているのだろうと思う。それを拾い上げ，形づくっていくのもソーシャルワークの一つだろう。

⑦スーパーバイズの有用性

　事例として書くとうまくいった実践のようだが，日々葛藤もあり，まだまだ力量が足りないかかわりをAさんにぶつけてしまったり，担当として日常を共にすることで近づきすぎた距離感をどうとっていいかに悩み苦しんだときもあった。うまくいかない時ほど，課題点に気づけないことが多い。そのような時は主任が担当職員に，子どもに，お互いの代弁をしたりと必要な介入をしてくれていたとふり返って気づく。施設の小規模化が進む中では，この組織としてのスーパーバイズが機能するかどうかはとても大きいだろう。

また，個人としても筆者自身スーパーバイズを外部でも受けていたことで，学びになった実感がある。「自分だけでは解決できない」ということに自覚的であることもソーシャルワーカーとして必要だと考える。

2．事例(1)のコメント

　この事例ではホーム担当職員としてのかかわりをソーシャルワークから捉え直した。①では本人を軸に捉え，子どもの理解を深め，子どもの声を中心に支援を組み立てることを述べている。②③は施設内，関係機関との連携の構築を進め，子どもの取り巻く社会を大切にしていくことは本人のエンパワメントにつながる。④ファミリーソーシャルワークとしては，母に対して子ども自身がよいパフォーマンスをできるよう支援をすると共に，母に対しては子どもの気持ちの代弁や子どもへの理解を促していった。これらの取り組みは⑤でふれたように，本人を軸にして自立支援を行うための準備，チームづくりである。

　またソーシャルワークから捉えなおすと，現在の実践の限界を視野にいれ⑥実践のイノベーションを意識していくこと，⑦スーパーバイズ機能が組織としてはたらくことが実践に有用であるかにふれている。谷口（2003）は，「児童福祉施設の実践現場でソーシャルワークが充分に確立されているとはいいがたく，実践のイノベーションが必要である」ことを述べているが，これは10年以上たった今も変わらない。いかに我々の仕事をソーシャルワークとして捉え，個人として・組織として子どもの福祉のためにこのソーシャルワークを展開していくことができるかが課題である。小規模化が進むなか，これまで以上にこの組織としてのソーシャルワーク力が求められるだろう。

3．事例(2)　苦情解決のかかわりとして

　小学校6年生のB君は，彼のもつ特性から他者への配慮はむずかしく，思い通りにいかないと担当職員に対して暴言暴力という行動を繰り返していた。同じホームの子どもたちはB君との生活が相当負担であり，部屋会では困っているのでやめてほしいとB君に伝え続けていた。担当職員としても改善に向かうよう本人とやり取りを重ねるが，反発にもつながり，行動化は続く一方だった。
　困り果てた同じホームの複数の子どもから苦情として提出され，苦情解決担当者として聞き取りを実施した。内容としてはB君と送る生活がたいへん苦痛であり，行動を改

善してほしいというものであった。提出された苦情についてB君本人や担当職員と共有することに了承を得たうえで取り組みを進めた。

まずB君に苦情の提出がされたことを伝え、本人から話を聞いた。一つ一つ確認したところ、本人も苦情の内容は認め、ただその改善がむずかしいという訴えであった。「変わりたいけど変われない」というB君の訴えを受け、担当職員にも同席をしてもらい、日常に変化が伴うよう、具体策を考えていく場を設けた。担当職員にはB君のたいへんさに寄り添ってもらうスタンスを取ってもらい、まずは短期的に行動改善に取り組んでいくことを確認した。

担当職員はB君とのかかわりにとても苦慮している状況があり、その声をまとめて苦情解決責任者である施設長の許可を得て会議にも報告をした。園内でもカンファレンスを開き、他ホームの職員がヘルプに入ることで、担当職員が余裕をもって子どもたちにかかわれるよう取り組みを進めた。また、担当福祉司にもホーム児童からの苦情がでていることを伝え、本人への支援を児童相談所としても検討してもらうように打診した。

苦情を提出した子どもたちとはそれぞれ面接を重ね、本人へ面接や職員が考える手立てについて伝えて進めていった。また、第三者委員からの聞き取りも実施し、学園の職員にはいえないさらに本音の部分をフィードバックしてもらった。

子どもたちの素晴らしいところは、変化をしっかりと感じ取ってくれるところである。苦情受付から数か月を経たところで、B君が努力していることをしっかりとキャッチしてくれた子どもたちは、「まだたいへんなところもあるけれど、がんばってると思うから」と苦情を取り下げていった。何かあったときはいつでも連絡をしてほしいことを伝え、面接を終了した。

この苦情が取り下げられたことをB君に伝えると、皆が自分の変化を受け止めてくれたことにとても喜んでいた。自信をつけたB君、担当と喜びを共有し、本件を終了とした。

事例(2)では、施設における苦情解決担当者の取り組みについて述べている。児童養護施設の職員は、ホーム担当の仕事だけではなく、施設全体にかかわる業務を皆で分担して受けもっている。筆者もいくつかの副業務があるが、そのなかで長く携わっているものに苦情解決担当者がある。

①子どもたちが声をあげられる仕組みとして

施設には子どもたちが困った時に提出する苦情解決用紙が古くからあったが、数年前にさらに声があげやすくなるよう、「こまもん(困りごと問題解決)カード」と、名前を書いてポストに入れれば苦情解決担当者が話を聞きに行く仕組みとなった。これにより幼児から高校生まで、毎年10数件のさまざまな悩みを受けつけ

ている。件数は年々増加傾向にあり，「改善してほしい」内容から，「聞いてほしい」「気持ちを受け止めてほしい」内容まで，多岐にわたっている。

②第三者委員への報告

さらに，福祉・司法・地域・心理のさまざまな立場からなる第三者委員にもかかわっていただき，2か月に1度行われる会議での学園の運営状況を報告すると共に，苦情受付対応の報告をし，助言を受けている。この第三者委員にはホームで一緒に食事をとることや，年に1度の子どもとの面接を実施から，子どもたちの悩みや要望を施設にフィードバックしてもらっている。またそれ以外にも，子どもが望めば第三者委員に面接の時間をとってもらうことができる。

担当職員との関係においては，子どもが声を上げづらいこともある。子どもたちががまんしたり溜めこむのではなく，担当職員との話し合いや部屋会などで声を上げられること，それでも変わらなければ苦情として声を上げることもでき，いくつもの層になって子どもの声をきく仕組みをつくっている。

③変化を促すかかわりとして

施設では子どもたちは日々のなか，担当との会話，部屋会で声をあげてくれているが，それでも変わらなかった時の手段として苦情解決の仕組み，「こまもんカード」が根づいている。子どもたちが出せば変化する，という実感を持てるように対応は迅速に行うことを基本とし，出された苦情にはすぐに苦情解決担当者で検討，子どもと相談をしながら具体的な対応に取り組んでいる。

このB君に対しては担当職員から日々指摘をされたり，部屋会にて他児から継続して伝えられてきたのだが，「苦情」という形で伝えられたことは本人にとって大きな出来事となり，客観的に生活を見つめなおす機会となった。担当職員も対応にとても苦慮していたと同時に疲弊もして身動きが取れない状況ともなっており，園内でも本人へのかかわり方についてカンファレンスを開いて対応を検討してフォローしていく体制を整え，数か月その体制をとりながら対応を進めていった。事例(1)でもふれたが，担当職員が日常のなかで変化をつけていくことがむずかしく，行き詰まりを感じている際には組織としてのソーシャルワーク機能がはたらき，変化がもたらされる仕組みがいくつもあることは，施設の小規模化が進むなかではとても重要である。

4. 事例（2）のコメント

　この事例では苦情解決の取り組みについて取り上げたが，児童養護施設のソーシャルワークを考えるうえで権利擁護の視点を考えていくことは非常に重要であると捉えている。長瀬（2013）は「児童養護施設において子どもの声を実質的に反映するしくみは少なく，施設職員が行うアドボカシーには限界がある」ことを述べている。日常の生活支援とは別のかかわりとして，「こまもんカード」にみられるように声をあげやすくなる仕組みづくりと共に，苦情解決の実践として子どもたちに「伝えたら変化する」という実感をもってもらう対応が必要である。同時に施設の限界も捉え，第三者委員との協働がその一つであるように，施設外のさまざまな社会資源とつながりをもって子どもの支援に取り組んでいくことは権利擁護の側面からも重要であることを忘れてはならない。

第3節　おわりに

　筆者は，この仕事をソーシャルワークとして捉えること，それが最終的には「子どもの最善の利益」を私たちが子どもたちと共に実現してゆくことにつながると感じている。新人の頃，筆者はこの「子どもの最善の利益」の一言に込められる意味を曖昧模糊なものとして受け止めていたが，子どもたちの人生の一端にふれさせてもらう経験を通して，そこに携わる責任を痛感している。子どもたちが生きている「今」は複雑で，ケアワークの視点のみで子どもの養育に当たるだけでは，子どもが本来得ることができる育ち，育ってゆく環境，そこにかかわってゆくチームを十分に育むことはできない。児童養護施設という場で，子どもたちと「生活を共にする中で」ソーシャルワークの視点を活かし子どもを養育すること，これこそを私たちの強みそして専門性であるとしてこれからも実践を積んでいきたい。

第7章 地域小規模児童養護施設におけるソーシャルワーク

第1節　施設の概要と現状について

　地域小規模児童養護施設とは，児童養護施設を運営している法人の支援のもとに，本体施設の分園として地域のなかに新たな小規模な施設を設置し，近隣住民との適切な関係を保ちながら，家庭的な環境のなかで生活することにより，入所している子どもの社会的自立が促進されるよう支援することを目的とする施設である。2000（平成12）年の児童福祉法改正により制度化されている。

　従来の児童養護施設では，多くの施設が子どもたちの子育て支援や社会的自立を大きな単位を中心とした暮らしのなかで目指してきたが，昨今，子どもたちが抱えている問題やその家庭が抱える課題が深刻化・多様化していくなかで，大きな集団では子どもたち一人ひとりのニーズに応じた，きめ細やかな支援がむずかしくなってきている。そのため，従来の大規模集団での支援から，より小規模な集団での支援へ，さらにより家庭に近い環境での支援へという方向性になっている。その社会的養護の枠組みの形態の一つとして地域小規模児童養護施設が存在している。

　筆者の勤務する施設でも入所してくる子どもの多くが何らかの被虐待経験をもち，その影響から心的外傷（psychological trauma）や愛着（attachment）に問題を抱えている状況にある。その子どもたちの多くが，生活を組み立てることが苦手で，対人関係に苦慮し，コミュニケーションがとりづらい，他者との良好な人間関係をつくることがむずかしいなどの「支援課題」をもっており，日々の暮らしのなかでそれが表出することもめずらしくない。子どもたちの暮らしの場は，被虐待経験を持つ子どもたちと，そうではない子どもたちが一緒に起居をともにしているのが現実として存在しており，そのような状況下では安全で安心した暮らしは担保されず，生活の混乱と更なる二次被害をも生み出すことにもつながり

かねない。

　本園においては、2013（平成25）年にケア体制の見直しを行い、本体施設をオールユニット化し、課題が複雑化する子どものケアの一貫性をこれまで以上に担保することを目指している。個別ケアの充実を図ること、居室単位での対応を基本とすることで、子どもたち一人ひとりの声をより小さな集団のなかに反映できる機会を増やし、小集団のもつ特性を活かした活動を取り入れながら、子どもと支援する職員が互いに育ち合う生活をつくることに努めている。また、ここで「住まう」子どもたちが安全・安心を実感しながら暮らすことを保障するため、より家庭的な育ちを中心とした「子育ち（＝本人支援）」および「子育て（＝親支援）」を追求していく。このような側面からも、より小さな集団で大人との気持ちよい関係が長く保障される地域小規模児童養護施設を2007（平成19）年に設立し、ホームを本体施設から離し、地域で展開している。

第2節　事例から

　筆者が生活しているホームの表札には筆者の「みやざき」の名字を使用しており、建物の外観だけではここが児童養護施設であると感じられない雰囲気のなか、子どもたちとの暮らしがゆっくりと営まれている。地域小規模児童養護施設を開設してからの9年間で、少しずつホームが地域とともに存在していることを実感できるようになってきた。ここからは、地域小規模児童養護施設の現場で抱えていた事例について紹介していく。

1. 事例(1)　地域小規模児童養護施設で措置延長を行い大学進学したA男

　A男は母子家庭で育ち、児童養護施設に入所する以前は住む所がなく、知人宅を転々としながら車中泊を繰り返す生活であった。食事もままならず、A男が中学生の時に腎疾患の病状を患い、入退院を繰り返しながらの生活を余儀なくされていた。筆者の施設に入所措置をされたのが、その年のことである。
　最初のA男の印象は覇気がなく、経験不足から強い劣等感を抱えており、かかわりづらさを感じた。当然のことであるが、何に関しても前向きな姿勢はみられず、自分の進路設計などを見いだせない状況であった。本体施設で1年半の間、病院受診と投薬治療、食事制限を行うことで、安定した生活を取り戻し、徐々に情緒の安定がみられるように

なる。

　これまでＡ男が育ってきた生活環境からは、学習を確保していくことなど想像できなかったが、安全で安心した落ち着いた生活空間が確保されたことで、Ａ男は学ぶおもしろさを獲得していった。真面目な性格と勉強等にはゲーム感覚で楽しみながら取り組むことができるＡ男であったため、学力の定着と著しい成績の伸びが確実にみられた。Ａ男の努力のかいもあって地元の進学校への合格を決めることができた。筆者ら職員もあらためて、養育環境の重要性を再認識することができた。

　高校入学と同時に通学の利便性を考え、Ａ男は地域小規模児童養護施設に移動する。Ａ男は本体施設で生活していた時も、まわりに自分が児童養護施設で暮らしていることを隠してきたが、地域小規模児童養護施設に移行してからも周囲の人たちには親戚の家にお世話になっているということで高校生活を過ごしていた。周囲の目を気にし、まわりからどう思われるかをとても気にするＡ男に、生活のしづらさを感じていないかと時に心配もしたが、職員たちはとにかくありのままのＡ男を受け止めていくように心がけた。また、経験・体験不足からくる自尊感情の低さに関しては、さまざまな特別な体験（たとえば、美術館の鑑賞や買い物体験、キャンプなどの野外活動）の機会を設けることや、言葉よりもとにかく一緒に行動していこうという思いを職員で共有していくことで、日々の積み重ねを大切にしていった。それは、これまでのＡ男が取りこぼしてきたものを埋め合わせていく作業であった。同時に、地域小規模児童養護施設でも定期的な病院受診をしながら、薬物治療や食事制限も並行して実施していった。そのなかでも、本園の職員たちが大事にしてきたものが温かみある食事と、子どもたちの生活を丁寧にみていこうという信念であった。

　そのような生活を通して、Ａ男のなかでしだいに芽生えたものが自身の病気の体験や入院時のたくさんの人との出会いから生まれた「人の役に立ちたい、人を幸せにしていきたい」という思いであった。そして、自分のように病気で苦しむ人を救いたいという志を抱くようになり、医療関係の道を目指すようになる。Ａ男は着実に自分の進路実現に向け、毎日の学校での勉強に加え、通塾と家庭教師による個別学習支援を受けるようになった。それにより、入所当初は割り算すらできなかったＡ男であったが、高校３年生には自身が志望する医療系の国立大学を受験できるレベルまでに到達した。しかし、残念ながらその年の受験では第一志望であった大学には一歩及ばず、少し点数を下げた第二志望での合格となった。

　Ａ男はどうしても第一志望への目標を諦めきれず、第二志望への大学進学は拒み続けた。現実を受け止め、与えられたところでの進路実現を目指すようにと周囲の大人はより安全な方向を勧めていくが、Ａ男の気持ちは決して揺るがなかった。そして１年間浪

第7章 地域小規模児童養護施設におけるソーシャルワーク

> 人し，予備校に通いながら来年の受験を決断する。現実として資金面での不安が第一にあったが，A男の能力が加味され，予備校での授業料が免除となった。また生活基盤についても，1年間の措置延長制度を利用し，これまで通り地域小規模児童養護施設ですべてをサポートしていくことが可能になった。これはA男と職員たちの覚悟であると同時に，A男の進路実現は施設全体の希望でもあった。その期待に応えるように，A男はよりいっそう勉学に励み，精神的にも過酷な状況であったが，揺るがない意志と絶え間ない努力で翌年，見事に志望校への合格を勝ち取った。

　A男は現在，奨学生制度を利用しながら，勉学とバイトを両立して資格取得を目指している。卒園後もA男は長期休暇を利用して，必ず地域小規模児童養護施設に顔を見せてくれる。その際には，自分のように進学を志す後輩のために自身の経験談やアドバイスを親身になって行ってくれている。そこに以前のような自尊心の低いA男の姿はない。全力で今を楽しみ，今を生きている。児童養護施設から大学進学を実現し，自身の進路実現にむけ懸命に挑戦し続けている児童の実例である。

2．事例（2）　家族再統合が見込めず卒園までに生い立ちの整理を行ったB子

> 　B子は幼少の頃から筆者の働く本体施設で生活し，小学校低学年時に地域小規模児童養護施設に移動した。児童養護施設での暮らしが長期にわたる児童で，卒園後も身寄りの支援が期待できず，自身での社会自立を目指した事例である。
> 　入所時より両親の存在は把握されていたが，家族との再統合はむずかしいと判断されており，面会などの交流はB子が施設に入ってから数回だけで，B子の記憶としてはわずかなものである。B子が高校入学して以降，家族との交流は完全に途絶えており，家族に対するあきらめがB子のなかで生まれていた。B子は軽度の知的障がいレベルの能力であり，言葉で説明することや意思表示が苦手であった。そのため，自身の言動が原因で孤立したり，自分の居場所をなくすというような人間関係でのトラブルが，これまでの学校や生活場面でもみられた。
> 　本体施設への入所当初は，集団生活にどうしてもがまんすることができず，他児との関係性でストレスを抱え，なかなかB子らしさを出せず素直になれない自分自身との葛藤に苦しむ姿がみられた。継続したかかわりがもてる大人の存在を確保したり，B子が小学生の時よりトライアル里親[1]の申請・実施を行ってきたりしたが，養育者側の高齢等の問題が生じ，実施半ばで中断となった。これを機に，より個別的が可能である地域

小規模児童養護施設へと移動することになったのである。

　B子のホーム移動には核となる職員（長い間，B子と生活を共にし，B子にとっては特別な存在）も一緒に移動し支援の継続を図っていくことにした。地域小規模児童養護施設では何もかもがゼロからのスタートであり，新たな環境のなかで必死に慣れようするB子の姿がみられた。環境の変化への不安はないわけではないが，それ以上に新しい暮らしへの期待と以前の自分を変えたいという思いからか，以前のように卑屈になる場面や「どうせ～」というような消極的な発言が減少していった。学習面の方では，徐々に周囲との学力差が顕著となるが，ホーム職員が個別の学習時間を設けるなどし，地道な日々の学習の積み重ねと復習を行なった。また，地域小規模児童養護施設でB子の大きな自信と経験につながったのが，クラスメイトに誘われて入部した地域のスポーツクラブの活動である。B子はけっして運動神経がよいわけではなかったが，持ち前の根性で不器用さをカバーし，小学校6年時には全国大会に出場する。B子の活動には施設職員全体が全力で応援し，休日の時間も使いながら支援していった。がんばることや努力することで次につながっていくという体験をB子自身が実感できたことは，大きな財産であったように思う。B子を見守ってきた周囲の大人や職員も，彼女から変われる勇気と信じる強さを学んだ。

　B子は中学進学時に特別支援学級に在籍することになり，少しずつ人間関係が安定し，施設での生活にも穏やかさと落ち着きを取り戻していった。小さなトラブルはあるものの，たくさんの人がB子にはかかわり，必ず傍らには職員がいて決して"一人ではない"というメッセージを彼女に送り続けた。

　高校進学にあたっては不安もあったが，学校の担任と密に連絡を取り合いながら，B子の状況を把握していき，普通高校への進学を決意する。また，そのきっかけとなったのが，地域小規模児童養護施設で暮らしの一場面である。台所に立つ職員の姿に「食」への関心と興味を抱いたようで，料理関係の科目がある高等学校に入学することができた。入学後も進級時期のたびに肝を冷やし，B子と一緒に祈ることもあったが，なんとか無事に進級することができた。高校ではバイトをはじめ，卒園後の自立に向けた貯蓄をなった。また，進路については職員と時間をかけながら話し合いをもち，B子が希望する進路を模索していった。

　それと同時に，関係機関（児童相談所・病院・学校・保健所・乳児院など）と連携しながらライフストリーワーク[2]を開始し，これまでB子にかかわってきた大人たち全員で行っていった。児童票から読み込める内容を再度一つひとつ精査していきながら，B子が「生まれてきた時のこと」「名前の由来」「入所の理由」などの，これまでの思い出をともにふり返り，多くの大人に愛されてきたことの気づき直しを行なっていった。

卒園後も，B子に対して，何らかの形で大人の目や支援は必要である。そのため，いつでもB子に手を差し伸べることのできるよう，B子のことを気にかけ相談があった時には対応するなど，つながりをもち続けている。

第3節　事例 (1)，(2) のコメント

　地域小規模児童養護施設の特質からみての事例の振り返りを行っていく。上記2つの事例を通して思うことは，地域小規模児童養護施設では，そこに住まう子どもの存在を感じられること，子どもたちとの暮らしを養育する大人がいかに創造していくかが重要であるかを気づかされる。事例であげたように，安心，安全，心地よさというものは，養育する大人側ではなく，子どもたち自身がそれを実感し，体験されなければならない。そのために，職員らは，ここが（ホーム）子どもたちにとっての居場所として存在しえるか，常に内観しながら日々の暮らしを想像していく必要がある。筆者は住み込みという形態ではあるが，子どもたちと起居を共にするなかで，彼らとの地域小規模児童養護施設での時間や思いが形づくられてきた。そこで行われてきたものは，手探りではあるが，大人である私たちが，子どもたちの生活に細かく手を入れながら，行き届いた生活環境のなかで，すべてにおいて彼らにかかわることへの"覚悟"であったように思う。

　ここに「住まう」子どもたち一人ひとりのこだわりや，個性を暮らしのなかに落とし込んでいく業と共に，彼らにかかわる継続した大人の存在と営みがあって，初めてここがホーム（家）として存在していくのではないだろうか。A男とB子にとっても途切れることのない大人の存在は安らぎにかわり，そのかかわりが少しずつではあるが情緒の安定につながっていくことを実証してくれた。子どもたち自身が「ここに居てもいいんだ。ここなら大丈夫かも」と感じられることがまた，地域小規模児童養護施設での暮らしの充実と，そこで生活する大人と子どもを相互に成長させていくことにもつながっていく。筆者たち職員はハード・ソフト共に生活空間への丁寧な心配りと配慮を常に意識しながら，子どもと大人がしっかり対峙し合える環境，ホームづくりには懸命にエネルギーを注いでいかなければならない。

　ここで，地域小規模児童養護施設におけるいくつかの支援においての柱となるものをあげるならば，1点目が積み重ねていく時間である。職員は，毎日彼らと

一緒にいるわけではないが，可能なかぎり，さまざまな体験と時間を共有していく。外出などの特別な時間もあれば，日常のワンシーンとして過ぎていく時間もそうであり，けっしてよいことばかりではないが，「あの時に，兄さんはこうして俺とぶつかってくれた」とか「ここの場所は姉さんといったことがある」というような日々の積み重ねが，子どもたちと生活した証，思い出として彼らのなかに残ればと願っている。劣等感を抱えていたＡ男が浪人してまで進路を実現したのは，日常に行われてきた体験の積み重ねが大きく影響していると考えられるが，さまざまな場面や人々とのふれ合いを通して，自信をもち，少しずつではあるが自分自身の具体的な生き方を描くことができるようなった。あたりまえのことが彼らにとってはあたりまえではないことを生活を共にする職員が実感していくこと，暮らしの現場で一緒に育まれた喜怒哀楽といった感情を一つひとつ整理していきながら，「自分を大切にしてほしい」ということを彼らには一番に伝えていくことに心血を注いだ。大事にされるという経験や感覚を知らない子どもたちが多いなかで，このための時間を割かずには先には進まないように感じている。この積み重ねてきた時間と思い出はここを旅立つ後々にも彼らのなかに強く刻まれていく歴史にもなることを，養育する職員が意識していきたい。

　そして，２点目が，食事の時間を大切にするということである。地域小規模児童養護施設では食事づくりにかける時間が生活の大半であるといっても過言ではない。それゆえ食事の時間が生活のなかで大きな意味をもち，Ａ男とＢ子も少なくとも職員の隣に立って，調理の手伝いや食事をつくる職員の背中をみている。食材で制限されてくるものや飲んでいる薬との調整も必要であり，施設内看護師や栄養士との連携や管理が求められた。そのなかでＡ男とは食への知識と理解を深めていく体験ができていく。また，職員にも得意不得意はあるが，一生懸命に台所に立つ。「食あるところに人，集まる」というのも，あながち嘘ではないように感じている。この時間は互いに気を許し合える時間でもあり，人と人との距離を近くにしてくれる力が存在する。誕生日には子どもたちがリクエストしたメニューでお祝いし，自分史を一緒に振り返ることにもなる。これまでの，子どもたちが受けてきた虐待経験の記憶や出来事を想起させたり思い出させることにもなることもあり，この作業はＡ男，Ｂ子にとっては時にはきつい作業になることもあるが，その現実を現実のこととして受け止め，前を向いていく力を養ってもらいたいと願う。自分史をふり返るという作業が，必ずしも整理されていく時間

にはならずに，子どもによっては，マイナス感情であったり，場合によっては，心的外傷としてフラッシュバックするといった状況になり得ることも，一緒に生活していく職員は理解しなければならない。そして，職員たちと子どもたちで築き上げてきた食卓もまた，時間とともにひとつの文化となる。職員はただ，料理のにおいや味を届けているだけでなく，そこに携わる人の思いも大切にできるような時間でありたいと思っている。

　そして，最後に子どもたちが育つ地域とつながるということが地域小規模児童養護施設の暮らしの柱となるということである。実際に地域に出ることで，児童養護施設の認識の薄さを本当に肌で感じさせられた。そこで，筆者ら職員はホームの子どもたちが関係する場所には必ず顔を出し，地区の催しの手伝いや，自治会にも所属していく。子どもが所属するクラブチームの応援や送迎等にも全力で参加させてもらい，地域の保護者と一緒になって諸活動に熱を注ぐうちに，絆のようなものも生まれていく。Ｂ子においてはこの経験が今でもスポーツを続ける意欲となり社会人バレーでの活動まで範囲を拡げている。本体施設では不可能であったことも，地域に存在している地域小規模児童養護施設では一般家庭で行われているような役割にも応えることができるため，その時間を惜しまないことが重要であると痛感している。また，子どもたちが通う中学校ではＰＴＡ役員を受け，地域の会合にも積極的に参加していきながら地域のなかでホームのことを発信していく機会を与えてもらっている。子どもたちが暮らすホームと地域との関係を，子どもたち自身が実感していくこと，地域で暮らすとはどういうことなのかを伝えていく使命が筆者ら職員にはある。

　今日では，道端ですれ違えば子どもたちに声をかけてくれる「近所のおばちゃん」がいたりと，日常のなかに地域を感じることができるようになっている。少しずつであるが，地域小規模児童養護施設が目指すものや本体施設で不可能であったことが実現し，子どもたちに返ってくる手応えを実感している。

第4節　おわりに

　筆者たちの仕事は，何気ない暮らしのなかに熱を加えていくことであるように思う。その熱は時にやさしく，時に力強くもある。助けを必要とするものにはそっと寄り添い，感情を震わせでも伝えなければならない時には突き放すこともあ

る。子どもたちとの暮らしの現場はけっして一筋縄ではいかないが，支援する筆者たちは常に，絶え間ない熱を注げる存在でありたいと思っている。洗練された専門職としてのなされる業や培われた経験は必要であるが，それ以上に子どもと共にありたいと願う養育者の精神や，子どもたちの，生き様や生きた証を語れる時間の営みが地域小規模児童養護施設では重要となる。

　そして，地域小規模児童養護施設におけるソーシャルワークの原点こそ，自分が住まう地域に興味をもち，人と人とのつながりに自身が身をおくことから始まる。そのつながりの先に子どもたちと地域がつながることを信じている。

注

1) トライアル里親事業では，施設等に入所している子どもに，一般家庭での生活を体験させるとともに，一般家庭に短期の里親体験の機会を提供していく。
2) 子どもたち自身のこれまでの生い立ちをふり返ることにより，自身の人生の物語を作ることができることで不安や疑問であったことが子どもの心に落ちて，今の生活に納得し，これからの未来の人生を考えることができるようになるための手法。

第8章 退所児童等アフターケア事業とソーシャルワーク

第1節 事業の概要

　児童養護施設を退所した子どもたちのアフターケアは、その重要性を誰もが認めるところであり、施設としてはもはや回避できない課題でもある。しかしながら、長い間職員個人の熱意やボランティア精神に頼らざるを得ない状態であった。2004（平成16）年に児童福祉法が改正され、「退所した者に対する相談その他の自立のための援助」が施設の目的に盛り込まれた。しかし組織としてアフターケアの業務にあたることは、昨今の被虐待児や障害児の入所増加による日常業務が繁雑となり、必要性は認めるものの困難を極めていた。

　厚労省は2010（平成22）年度からアフターケア事業を本格化し、各自治体がNPO法人などに事業を委託することになった。退所児童のアフターケアに長年心を砕いていた児童養護施設協議会にも県からのはたらきかけがあり、2011（平成23）年4月に児童養護施設の一事業として当センターは市街地のマンションの一室を借り受け、退所児童等アフターケア事業を開始した。

1. 支援の基本方針

　退所児童等アフターケア事業の基本姿勢は継続的個別支援、伴走型支援、見守り支援の3つである。センターの利用者の多くは、児童養護施設退所者（高校中退者、就労退園者、卒園者、措置解除による家庭復帰者等）であるが、児童相談所や母子生活支援施設、特別支援学校、福祉施設等からの相談もある。相談内容としては、急に離職し居所を失う、多額の負債を抱えての生活、就労が長続きしない、職場の人間関係などが主であり複数の困難さが重複していることが多い。特に高校中退者の成長には時間を要する。彼らはセンターに通所しながら生い立ちの振り返りや整理をしていくなかで、徐々に自分の進むべき道（就労か進学：

普通校か通信制）を見出してくるが，低い自己肯定感や施設生活のなかでの指示待ちの姿勢が身についているために，自己選択や自己決定が苦手である。そのため，一人ひとりの発達に応じ，将来の見通しがもてるように共に考える伴走型で長い見守りの支援が求められている。

2．事業の内容

センターでは退所を控えた子どもやすでに退所している子どもを対象に，①生活上の問題や就学・就業上の問題についての相談，②社会的養護の高校生を対象にしたソーシャルスキルトレーニング（SST）の実施，③小学校高学年および中学生対象のキャリア教育，④各施設の職業指導員（自立支援専門員）の育成を行い，将来的には退所児童の自立支援に限らずインケアとしてのキャリア教育やＳＳＴを各施設で実施できることを目指している。ほかにも，⑤卒園生の交流会（2回／年），⑥居場所の運営，⑦サロンの開設（毎週）なども行っている。

第2節　事例から

1．事例（1）　発達障害が疑われる未成年Ａさんの出産と施設出身者同士の子育て支援

> Ａさんは7歳で児童養護施設に入所し，中学卒業後，高校に進学するがすぐに退学，アルバイトをしながら18歳まで施設で過ごした。退所後は，長年離れて暮していた父親のもとで生活を始めるため，施設は試行期間として退所数か月前から父との同居を進め実施したが，長い間生活を共にすることがなかったため，親子関係が築けず互いにギクシャクした生活だった。
>
> 退所を控えた2月初旬，家庭復帰後の支援についての相談に児童相談所のケースワーカーと施設担当者が来所。彼女の意向は，「アルバイトをみつけて働きたい」，「父親との同居は気が進まないが仕方ない」，「学業についてはまったく念頭にない」とのことであった。その後，就職が決まり職場が楽しいと喜んでいたが，センターとしては，就労場所が次々と変わるため不審に思い何度か職場訪問していた。Ａさんの元気に働く様子は確認できたが，1か月もたたないうちに店長になれたとの報告を受け，就労時間，就労内容，仕事が終わってからの時間や私生活など詳しく聴き取りをしたところ，聞くに

堪えない内容であることがわかった。知的にもハンディがある彼女は，不誠実な雇主から弄ばれているという感覚もなく，危なっかしい仕事を続けていたことが判明した。支援員が女性の立場でAさんの職場の危うさについて説明したが，すぐには理解できずに仕事を続けていた。

　その後間もなく，Aさんは客とトラブルを起こして退職した。昼間の仕事に転職するようにすすめたが，それを拒否し夜間の仕事を続けていた。また，父親との折り合いは悪く，何かあるとすぐに自宅を飛び出し友人宅や男性宅で寝泊まりする傾向があった。そのうちに，他施設の出身者と父親公認のもと同棲を始めた。この時，父親が職業訓練を受けることを望んでいたので，Aさんに「父親と話し合い，自分の気持ちを伝えることが大切だ」と伝えると，連絡が取れなくなってしまった。

　そこで，センターでは第1回目のケース会議を開催し，関係者（出身施設の施設長，担当者，施設入所後も継続的にかかわってくれている里母，当センター）との情報共有と見守り支援を続けることを確認した。その後，Aさんは同棲していた男性の子どもを妊娠したと支援員に相談の電話があり，再び助言に耳を傾けるようになった。しかし，Aさんは出産するかどうかの決意，産婦人科への通院の必要性について里母や支援員が説明してもなかなか決断できず，時間だけがいたずらに経過した。面談を重ねAさんを説得し，支援員が同行して何とか産婦人科を受診することができた。また最悪のことを考えて，2回目のケース会議を開催し，Aさん一人での子育てにはかなり高いリスクがあるという認識を共有した。Aさんが入所していた施設で出産後の母子の預かりが可能であることなど，生まれてくる赤ちゃんの命を第一に考えて産前産後の対応について協議した。3回目のケース会議は出産1か月前に開催，自宅での育児がAさん本人の意志であるため，支援内容や支援体制について出身施設，保健福祉センター，里母，当センターとで協議した。その結果，産後1ヵ月間は毎日支援員とボランティアが訪問し，沐浴や食事，洗濯などの家事手伝いをすること，産後2か月目以降は週1～2回訪問することとなった。加えて，リスクの高い養育家庭であるため保健師の定期的な訪問を依頼した。

　出産後のAさんと男性は，育児については深い愛情をもっていたが，感情の起伏が激しく心の成長が欠けており，時として衝突し，Aさんが家を飛び出すことも多かった。子どもの成長につれて徐々にではあるが，いったん飛び出しても家にすぐ帰るようになった。しかし，都合が悪くなると連絡手段をすべて閉じ，支援者のかかわりを拒否する行動はなかなか改善しなかった。

2. 事例(1)のコメント

　事例(1)の発達障害の疑いがあるAさんは，対応がわからなくなったり，周囲の人の対応が理解できなくなったり，夫との間がこじれてくると連絡手段をすべて閉じてしまう傾向がある。また，出身施設にも嫌悪感を抱いていたために根気よくメールや電話をかけて，Aさんの反応を待つしかなかった。

　出産を決意したもののAさんは，出産時の不安が募り時々パニックを起こしそうになった。出産後の育児支援を考えると，当センターだけの対応では力不足を感じ，Aさんには内緒で出身施設と支援体制について協議していた。出身施設としては出産後の1か月を施設で過ごすことは可能であり，子育て支援についても可能なかぎり協力することで合意できた。出産・育児を経験するうちにAさんは，施設の元担当保育士の訪問などを受け，施設を拒否する思いもしだいに薄れてきた。しかし，Aさんの夫は施設に頼ることを頑なに拒んでおり，支援員を含めた大人に対する不信感が強く，自分たちだけで子育てをしたいと強く主張していた。そんな夫も母親になったAさんの声には，しだいに耳を貸すようになっていった。

　また，Aさんの父親は未成年の結婚に同意しなかったので，Aさんが20歳になるのを待って入籍した。その時も夫の希望で結婚式をあげたが，生活は苦しく借金の返済に追われることになってしまった。精神的に未熟な2人が，自分たちの手で子育てをしていくにはどのような支援が必要であるかが問われる事例でもあった。それは，2人が互いに異性との交遊に不信感を抱いたまま妊娠・結婚したことが原因で衝突を起こしたり，遊びを優先し月々の収入に見合った生活ができない状態から，何よりも子育てを最優先し自分たちの趣味や娯楽をがまんしなければならないことを認識する過程でもあったが，一朝一夕にはいかないことだった。そのため，ケース会議を重ねながら役割を分担し，ある程度関係性ができている支援者と関係性が希薄な支援者とがペアを組んで2人が必要としている支援にあたった。支援は保健師や助産師と協働で寄り添いと見守りを随時織り交ぜながら，金銭管理，家事支援としての掃除洗濯から沐浴の仕方，授乳，成長につれて離乳食の作り方，養育環境の整理・整頓，子育て中のストレスを解消するために社会資源の利用に同行するなど，多岐にわたった。Aさんは，軽度の知的障害もあり読解力が弱いため，より具体的できめの細かい支援が必要であった。2人の関係が不安定になった時や子育てが不安・困難になった時，いつでもSOSを発

信できる相談相手として支援員が存在することで不十分ながらも本人たちの希望に添った子育てを続けることができている。

また，これは以前センターを利用していた子どもが教えてくれたことだが，センターからの電話など連絡にまったく反応をしなくても，メールや電話の着信履歴は必ずみているものである。「自分はまだつながっている。忘れられていない」と子どもたちは着信で確認しているので，一方的でも発信し続けることが大切だということだった。

この事例もそうであり，連絡がつかないことがたびたびあったが，支援員は根気強よく発信し続けた。すると一週間後，長い時には一か月してメールで返信があったり電話がかかってきたりする。夫との仲たがいや給料の浪費など，連絡を取りたくない理由が必ずあるのだが，行き詰まるまでは何の反応もない。若い2人の生活異変に気付き世話をする大人がすぐ近くにいないことや社会生活を営んでいくうえでの情報不足が起因し，生活が困窮したり子育てが破たんしたりする。

3．事例(2)　退園後，社会不適応（ひきこもり気味）を示す青年Bくんが就労するまでの支援

　Bくんは高校を中退し18歳の誕生日まで児童養護施設に在籍。退所後は出身施設近くのアパートで母親と生活を始めたが，母親との関係が悪くなり一人暮らしを始める。生活保護と障害者年金（精神障害者手帳）を受給し，安定した収入（月額12万円程度）で生活できるため，仕事をする意欲はなく現状に満足していた。アパートにいることが多く，ひきこもり傾向にあるBくんの様子に将来の不安を感じた出身施設の職業指導員から，当センターへ社会性を身につけさせたいという相談を受けた。

　当初，職業指導員が同行してセンターに来るはずであったが，Bくんが来所を拒んだため訪問面接を実施した。その後，Bくんから「先日の訪問はうれしかったが，自分は働く気はまったくないので，職員の期待に応えることができない」とメールが入った。支援員から，「いま無理やりどうするということはないが，仕事をしてもらいたい気持ちはもっていることを忘れないでほしい」と返信すると「わかりました」との返答があった。それから支援員が何度か訪問し，Bくんの興味があるテレビゲームや話をすることで時間を共有した。来所まで3か月余りかかったが，徐々に目を外に向けるように卓球や映画鑑賞に誘っているうちに来所を促すと，毎日のように来所するようになった。

　来所し始めてからも，Bくんは「生活保護の収入があるから自活できているので支援は必要ない」と主張していたが，生活費を趣味に浪費してしまい，月半ばになると「食

費がない」とセンターでの食事を当てにし始めた。このままでは一生涯生活保護から抜け出すことができないと判断し，病院や福祉事務所を訪問して支援方法を再考することにした。そして，職業指導員に同行してもらい，デイサービスを利用している病院の精神保健福祉士と今後の支援について検討。翌日には福祉事務所の生活保護担当のケアワーカーと面談し，医師の意見を聞いて今後のことを相談した。その結果，関係機関で情報を共有し役割分担を明確にして連携を図ることができると判断した。生活保護担当のケアワーカーから就労指導を厳しくしてもらい，フォローは当センターが責任をもってすることで合意した。

　生活保護のケアワーカーが訪問して面談した直後，Bくんは当センターに血相を変えて来所してきた。初めのうちは，苦情や不満をまくしたてていたがしだいに落ち着き，ケアワーカーが自分の将来のことを親身になって考えてくれる人だとわかったようで，「週1日位だったら働ける」と主張した。翌週から就労継続支援B型の通所を始める。しばらくすると「友人もでき仕事も楽しい，自分はもっと能力があるからさらに上を目指したい」との報告が支援員に入るようになった。そして実際に，6ヵ月もすると週4〜5日働けるようになり，今日にいたっている。

4．事例(2)のコメント

　事例(2)は，精神障害者手帳（統合失調症）をもっているひきこもりがちの青年が，関係機関の連携により就労にいたるまでの伴走型支援である。当センターを利用する子ども全般にいえることは，まずセンターの雰囲気を無言のなかに感じ取り，それからしばらくの間職員と今まで自分がかかわってきた人間との違いを理解し，信頼に足るのか足らないのかの値踏みが始まる。Bくんは支援員の訪問を受け入れたが，就労支援については拒否を続けた。しかし，支援員と趣味や遊びを共有するうちに自分を世話してくれる人として受け入れていった。センターの職員との関係性がよくなり，自分の生い立ちや両親，きょうだいのこと，施設のことなどを話せるようになってきたので，支援の再検討するためにかかわっている関係機関の支援内容について情報を収集した。そうすることで，関係機関それぞれが手持ちの乏しい情報をもとに精一杯の努力をしているが，連携ができてないために成果が上がらないことが判明した。そこで，デイサービスや訪問看護をしている医療機関，生活保護担当のケースワーカーの所属する福祉事務所，訪問介護を紹介している地域生活支援センター，週1回の訪問介護で食事作りをしている福

祉施設と連絡調整を図り，情報共有し連携して支援できる体制を整えた。それにより，Bくんは就労継続支援B型につながることができ，半年余りで週5日の就労ができるようになった。また，就労日が5日に増えたことで，自分から休養を取ったり，部屋の整理等で人手が必要になると支援員に依頼ができるようになった。それでも「支援員の仕事は，俺を世話することでしょう！」という思い込みの発言が，毎日のように公用携帯電話で聞かれた。しかし，最初の来所から2年ほどすると，自分から「センターは卒業したので，これからは"〇〇さん"と姓で呼んでください」と主張できるまでになった。

そして今では，就労継続支援A型一般企業への就労を目指している。センターとしては見守り支援を続けているが，Bくんは仕事に疲れた時には来所し，居場所機能を利用している子どもたちや職員と共に過ごすことで元気を取り戻している。

第3節　おわりに

事例(1)は，支援者がいない若年者の出産にかかわることが課題であった。施設出身者の家庭（ぬくもり）への憧れの強さからか，弱年者の結婚や同棲生活による若年出産（10代後半での出産）は施設の抱える課題でもある。Aさんのケースは，センターが中心となって数回のケース会議を開き，当事者の意見に添いながらも，関係者は情報を共有し支援方法を検討しながら産前産後を切り抜けた。その後も支援員が保健師と連携して，定期的に家庭訪問し育児相談を受けるなど見守り支援を続けている。若年者は子どもの出産や養育に関してはまったくの素人であるため，身近な人がいない彼らにとって，不安や悩みは想像を絶するものである。こういった若年ママのために，ある施設では職業指導員の呼びかけで集いをもったりしている。集いの間は保育士が子どもを預かり，若年ママたちはお菓子づくりの後ティータイムで子育ての悩みや不安を出し合いストレスの解消に努めている。

事例(2)は，関係機関の連携がないまま，それぞれが乏しい情報をもとにBくんを支援していた。成果がないことに気づいた当センターの支援員が核となり医療，福祉事務所，地域生活支援センター，福祉施設と連携して情報を共有し，それぞれの関係機関が役割を分担して支援したことが功を奏した事例であった。

第2部　児童・家庭福祉施設におけるソーシャルワーク

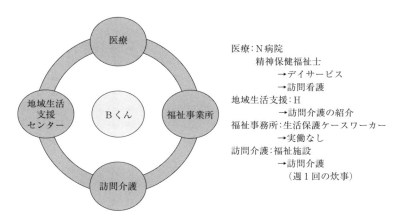

図8-1　関係機関の連携（厚生労働省，2011）

　Bくんの周辺には，図8-1のような社会資源が存在していたが，情報の共有ができてないため機能不全だった。支援においては社会資源を連携し機能させていくといったソーシャルワークが喫緊の課題であった。当センターで担ってきたソーシャルワークのキーパーソンのまとめ役的資源を探すなかで，2014（平成26）年から地域生活支援センターの相談支援専門員が実働することが確認された。そのことにより役割分担がうまく機能でき，就労に結びつけることができた。今後は，センターの居場所機能を活用し，見守り支援を継続しながら就労のステップアップを図りたい。

第9章 児童心理治療施設におけるソーシャルワーク

第1節 施設種別の概要

　児童心理治療施設の対象は，心理的困難や苦しみを抱え日常生活に生きづらさを感じており，心理治療が必要とされる子どもたちである。実際，施設には虐待を受けるなどで親と一緒に暮らせない子，何らかの理由で学校に登校できなくなっている子，さまざまな原因から学校での集団適応が困難な子などが多く入所している。また，親子関係の不調によって，発達早期から適切な子育てを得られなかった子どもが多いことも特徴的で，自己コントロール力の弱さ，自尊感情の低さなどがみられる。行動としては施設内での器物破損や子ども間の暴力，対職員への暴言・暴力などがみられることが多い。こうした状況を受けて，2017（平成29）年4月からは，児童福祉法の改正によりその施設名称はこれまでの「情緒障害児短期治療施設」から児童心理治療施設と改称された。

　このような子どもたちが施設のなかで生活を送りながら，心理的治療，教育的支援，生活指導を受け家庭復帰を目指しているが，そのなかで課題になるのが，子どもは家庭復帰や原籍校復帰の準備が整っても家庭や地域側の受け入れの条件が調わず，なかなか退所できないことである。子ども自身の問題も家族の問題も解決して帰っていける子どもは少ない現状がある。施設を退所しても，子どもを引き取った家庭が地域から孤立し，問題を家族だけで抱え込み再び施設入所前と同じような状況に陥ってしまうケースもみられることから，退所後のケアをどう継続的に支援していくかが施設の課題の一つである。

第2節 事例から

1. 事例（1） 家族再統合と中学校への復帰に向けたA男と家族の支援

　母親，妹，A男の3人家族。両親の離婚が原因となり小学校4年より不登校となる。母親は不安感が強く，A男の要求の一つひとつに揺らされてしまい，家族のなかでA男の発言力が一番強くなっていった。その結果，母親も妹もA男の顔色をうかがいながら生活する日々が続くようになる。そのような状況のなか，不登校の状況が続いていたこと，A男から母親への暴力がみられたことから児童相談所が介入。児童心理治療施設に入所措置となる。

　施設入所後，家族との接触の制限を行うなかで施設職員はA男との関係づくりを行っていった。同時に母親とも面談をくり返し関係づくりに努めた。家族とA男との接触は，お互いに優しい態度を出しやすい手紙や電話といった間接的な接触から始め，徐々に面会など直接的な接触へと段階的に進めていった。母親との面会ではお互いに会ってつらい思いや怖い思いをするのではなく，うれしかった・楽しかったという感想がもてるように，面会の前にA男と面談を行い母親に伝えたい事を整理して面会にのぞむようにした。一方母親とはA男の要望をどこまで受け入れるのかを相談しながらA男との面会にのぞんでもらった。このような対応から母親の態度が統制されていき，逆転していた母子の力関係が変化していった。この様子から，次に家庭への帰省訓練を始め，家庭訪問を行いながら家庭でのA男の様子の確認，家族からも話を聞きながら家族関係を観察していった。

　ある程度の長期帰省が問題なくくり返されるようになったため具体的に家庭復帰に向けた準備を始めた。地元の中学校へ家庭から試験的に登校を試すことへの理解と協力を依頼するため，学校との検討会議を開催しA男について，家族についての情報を共有した。試験登校中は，施設職員が定期的に学校を訪問しA男と面接。問題があればその都度問題解決のため介入を行った。また，母親とだけではなくA男と妹も含めた家族面談を実施し，家族で一緒に生活していくための家庭内のルールづくりを母親中心に話し合ってもらう場を何度も設けた。このことから家族で話し合い物事を決定していく方法を体験することができた。A男と家族は試験登校を無事にやり終え，施設を退所し家庭復帰・中学校復帰となった。

2．事例（1）のコメント

　事例（1）は親子間で力関係の逆転が起きていると考えられた。またＡ男は不安感が強く自己肯定感が低いことが生活の様子や面談のなかでみえてきた。それゆえ外の世界に対しての怒りや焦燥感などを母親に対して細かな日常生活への要求という形で表出していると考えられた。一方，母親は自身の離婚のせいでＡ男がこのような状態になっていると罪の意識をもっており，Ａ男の提示する要求に翻弄されるようになっていったと考えられる。

　このような母子関係の見立てから，まずは母子分離し互いに支配・被支配の関係から抜け出すきっかけをつくることが必要であると考えられた。そこでＡ男には，施設職員という母親以外の大人とのかかわりをもち，自分の支配できない相手との関係づくりを経験させた。また，職員との面談をとおして，言葉で相手に自分の思いを伝える力を身につけ，母親に対しても，言葉で思いを伝えることができるようになることをめざした。

　母親に対しては面談で，夫との離婚に対して整理できていない気持ちを扱いながら，子どもへの対応方法や態度のふり返りを行い，母親が親としての自信をもち子どもに接することができるようになることをめざした。

　Ａ男との面談において出てきた家族への素直な思い・希望を職員から母親へ伝えることを繰り返した。その結果Ａ男の素直な気持ちを知ることで母親の安心感が高まり，子どもとのかかわりに対して自信がもてるように変化したと考えられる。次のステップとして母子合同面談を実施。施設職員も面談に入り，母子が直接考えや思いを言い合える場を設けた。建設的な意見が出し合えるように話し合いの枠組みをこちらから提示し面談を行った。また，過去にとらわれるのではなく，これからを意識した話し合いになるように留意しながら進めた。こうすることで母親もＡ男も肯定的な発想がもてるようになった。その後，母子の話し合いに妹も入り家族面談に発展させていき，家族全員で新しく家族のルールを話し合い決定していった。ここでの話し合いではテーマだけをこちらから提示し，あえて話し合いの主導権を母親にもたせた。Ａ男に対し家庭内でのイニシアチブは母親がもつという事実を了解させる効果があったと思われる。さらに家族面談のなかで決まった家族のルールを毎回書き出し，帰省時に持ち帰り実際に守れたかどうかを帰省後家族と一緒にふり返りを行った。現実に即していないルールに関し

て，誰でも意見を出すことができる雰囲気をつくり，ルールの変更を検討していった。このような細かい取り組みをくり返すことで話し合ったことが自分たちの生活に反映され，生活しやすくなっていくことを実感できたと思われる。また，帰省中職員による家庭訪問を実施し，家庭が密室化されぬよう家族以外の大人が出入りする状況をつくっていった。これにより母親がSOSを外に出しやすい状況ができていった。

A男の顔色をうかがうように生活していた母親と妹が，遠慮することなく意見が言えるようになり，離婚した自身の過去を引きずっていた母親は過去への後悔を口にしなくなり，自分が子どもを育てていく覚悟を宣言するなど，親としての頼もしさが感じられるようになる。A男は自分の思いや気持ちを言葉で表現する力をつけたことで，自分の思いを受け止めてもらいやすくなった。それにより自信をもって相手とかかわることができるようになり，家族とだけでなく施設内でも他者と良好な関係が築けるようになった。地元の中学に復帰する際，母親は積極的に中学校へ不安や心配を伝えることができ，それにより早期の危機介入が実現された。また，A男においては新しい友人関係を構築する際，これまで身につけてきたコミュニケーション力を使い学校生活に適応することができたと考えられる。

本事例において，A男への支援はさることながら母親への支援を丁寧に行ったことが解決意義として大きいと考える。母親の変化により，逆転していた母子間の力関係が改善されA男は「子ども」としてふるまうことができるようになり安心して大人に甘え，頼る経験ができたのであろう。一方で，課題としては，地域とのつながりをつくる支援の取り組みが不十分であった点があげられる。地域の支援体制を築き地域のなかにこの家庭が根づくようソーシャルワークを展開することが必要であった。

3．事例(2)　地域を巻き込んだB男と家族の支援

父親，兄，B男の3人家族。兄弟共に小学校時代より母親の偏った子育てにより学校への登校もままならず，社会経験も乏しいまま成長していった状況がみられた。父親からの要望で心理治療及び生活スキルを身につけるため，児童心理治療施設へ入所措置となる。その後両親は離婚。父親が親権者となった。

B男は，母親に溺愛され育ってきたこともあり，小学校高学年でありながら身辺的自

立が不十分な状態であった。また，自分で要望する前に母親が先回りして動いていた影響からか常に受け身の姿勢が目立った。このような姿勢は家族との関係においても，友人関係においてもみられる特徴であった。そこで施設入所のB男の治療目標として，自分の意見を表現できる力をつけることがあげられた。

　4年間の治療経過を経て当初の治療目的がある程度達成されつつあるなかで家庭復帰が具体的に検討された。離婚後親権者となった父親もB男の家庭引き取りを要望しており，施設職員との面接にも積極的に応じ，定期的な訓練目的の帰省もおおむね問題なく行うことができていた。家庭復帰をめざすうえで生活の基盤となる家庭について，B男がどのような家庭であれば安心して生活できるのか面談をくり返しながら確認をした。その後，家族と話し合い家族全員共通の『家庭像』をもつことができた。

　B男が出した家庭復帰への希望のなかから「家のなかをきれいにしたい」に焦点をあて，父親に提案し家族全員と施設職員で家の大掃除を計画し実行。家庭内へ具体的に介入する一方，児童相談所を中心に地域のサポート機関（児童家庭支援センター，保健所，主任児童委員，民生・児童委員，教育委員会，学校，当施設）とネットワークを組み，会議を定期的に開催し情報を共有することを試みた。

　B男への心理治療・生活支援の効果がみられるなか，父子家庭となった家庭への復帰に対しての不安要素が明確になり，それに対して家族の力だけで解決をめざすのではなく，サポート体制をどう築き，家族をどのように支援していくかがポイントになると考えられた。家族それぞれが家庭生活に対し不安をもっていることは感じられたが，そのことを話し合い互いに共有する機会がなかったことから，まずはB男が感じている不安と家族が感じている不安のすり合わせが必要であると考えられた。しかし，父子共に自分の考えを伝えることが苦手であることから，ある程度の橋渡し的な介入を行いながら家族の意見をまとめていく必要があると思われた。そこで，家庭復帰に向け家族の不安感のすり合わせを行うために家族合同面談を実施した。家族合同面談で出し合った不安への具体的な対策を家族で一緒に考えていく作業を行うことで，父親を中心に家族で意見を出し合い，話し合う場を意図的に設けた。家族で話し合うなかで自分たちにどのような支援が必要なのか，どの部分に助けがほしいのかを家族が主体的に考えていく雰囲気が生まれた。

　家族合同面談をくり返すなかで，本事例の「強み」として，父親は子どもたちに対し愛情があり家庭への引き取りの思いもあることがわかった。しかし一方で生活能力的な部分（家事など）においてはかなり援助が必要であることがみえてきた。このようなアセスメントから，本事例の支援として①父親の力を（強みを）生かす，②苦手な部分（家事など）にどうサポートを入れていくか，この2つを中心に検討していくこととした。

家族の希望や考えをひろう場，その希望や考えを直接支援者たちに伝える場，この２つの場を設定する必要があると考え，家族を真ん中にした会議を行うことを計画した。会議の参加メンバーをＢ男と父親に選んでもらうことで，この会議が自分たち家族を中心にした会議であると意識することにつながったと感じる。

父子が選択したメンバーによる地域のサポート機関が集まり，父子も参加しての会議を開催。また並行して関係機関が集まり本事例について情報を共有するネットワーク会議も開催。会議では，基本的には家族・Ｂ男の強みに焦点をあて，今よりもよりよくするために，課題について家族がどうしていきたいかを聞き，出された希望をサポート機関がどのように支援していくのかを検討する場とした。そのため，会議では施設職員がファシリテーションし，毎回のテーマを設定し会議を進めた。

家族を中心とした会議を行っていくなかで，家族が会議のなかで積極的に発言をする姿があり，前回の会議で出された宿題（朝食として前の日におにぎりを作っておく等）を実行する姿がみられるようになる。このような姿から，家族が自分たちのこととして会議の場をとらえるようになっていったと考えられた。

この取り組みを行うなかで支援をする側にもよい影響が生まれた。そのひとつが会議に家族が継続して参加してくれたことが，支援者側の励みとなったこと。そして，本事例にかかわる関係機関が会議で顔を合わせることによりそれぞれの支援機関に連帯感が生まれたことである。Ｂ男が施設を退所し地域にもどった後も，地域の支援機関同士が連絡を取り合い，柔軟な支援が実現されていった。

4．事例（2）のコメント

会議によって家族の意向が尊重され，それにより支援の内容を家族が選択する。家族が自分たちのこととして課題をとらえ主体的に動くことができたことが本事例の解決意義として大きい。支援者が中心となりつくられた支援計画は，家族がおいてきぼりになりがちである。家族を中心にした会議を行うことで，家族の孤立感がなくなり退所後の安心感が生まれたと考えられる。

第3節　おわりに

今回，執筆にあたり，２つの事例を振り返ることで，施設でケースを扱う上で，ケアワークはもとより地域のサポート機関との連携・協力によりソーシャルワー

クを行うことが必要であると実感した。どちらの実践報告も家族と一緒に「心配な事」や「これからの希望」を話し合ってきたことが大きいのではないか。ケースの真ん中に，子どもと家族を置きながら支援計画・内容を一緒に考えていくことで，子どもだけでなく家族それぞれをエンパワメントしていくことにつながるのだと改めて事例を振り返り感じた。周囲の援助を受けながらも家族が自分たちの問題を考え解決することができるという感覚をもてるよう支援をしていくことが，今後施設でのソーシャルワークに求められていくことであると感じた。

自立援助ホーム
におけるソーシャルワーク

第1節　自立援助ホームの概要

　自立援助ホームとは，児童福祉法第6条の2に定める児童自立生活援助事業で，さまざまな理由で家庭で生活できなくなり，働かざるを得なくなった15～20歳までの青少年に暮らしの場を与える施設である。第2種社会福祉事業として，働かなければならなかった「要養護児童」は多種多様である。

　入所に至る経緯としては，児童養護施設，児童自立支援施設，児童心理治療施設（旧 情緒障害児短期治療施設）などからの入所がある。理由としては，高校卒業後ひとり暮らしを始めるのにはまだ不安があるから自立するうえで必要なひとり暮らしのスキルを身につけたい，また，施設での不適応（他児や職員への暴力，喫煙や無断外泊など）や高校を中退することなどがあげられる。当施設では，施設での問題から不適応になり，15歳や16歳で退所せざるを得なくなった児童の入所が多い。

　また，家庭から入所してくる児童もいる。家庭での養護問題や虐待が背景にある児童や母子家庭，父子家庭であり以前から施設入所歴がある児童，発達障がいをもつ児童などである。非行や家庭内暴力などの理由で少年鑑別所や少年院から入所する場合もある。観護措置をとられている児童が保護観察，または，試験観察の処分を受けての入所や，少年院を仮退院してからの入所である。

　その他の入所理由としては，20歳を年齢超過しての私的契約や家庭裁判所からの補導委託，保護観察所からの更正保護委託，法務省の自立準備ホーム制度の利用などがあげられる。

　自立援助ホームで発生しやすい問題としては，以下の点がある。
①経済的支援のなさと経済的負担の大きさ
　自立援助ホームでは，寮費とよばれる本人が施設に支払う負担金が月3万円程

かかる。家庭からの経済的支援が見込めない児童が多いため，すぐに仕事につくことができなかったり，仕事を続けることがむずかしい児童にとってこの寮費の支払いは重くのしかかってくる。また，入所時に持参金がない場合が多く，施設に借りている状態が長く続いてしまい，なかなか退所がみえてこないことがある。

② 横のつながりをもったさまざまな専門性が必要とされること

さまざまな入所経路がある分，それぞれの分野をよく理解する必要があり，どのような関係機関と連携をとれるかが鍵となってくる。しかし，常勤職員2名，補助員1名の最低基準のなかでこの連携をこなすことはむずかしい。定員6名の家庭的な雰囲気を重視した小規模施設であるがゆえに，子どもたちの発するエネルギーも多大なもので，職員の方が疲弊して退職してしまうことも多い。虐待のケアや発達障がいの理解，司法のしくみ，就労支援，自立支援，退所後のアフターケアと幅広く多様な知識を必要とされながら，それぞれの関係機関と連携して支援にあたる専門性が求められている。

③ 退所（自立）への道筋が見えにくいこと

これまでの施設で不適応と見なされて，自立援助ホームでも同じように問題を起こしてしまった場合，次の受け皿がないことが課題である。それゆえ児童のセーフティネットの最後の砦とよばれているが，最後にならないための受け皿の開拓や支援の方法を見いだしていくことが急務の課題である。

以上，繰り返される措置変更や虐待など，児童の入所に至る背景は複雑・多様化しているなか，子どもたちの出すサインにいかに気づき，ソーシャルワークを展開していくのかが専門職に求められている。第2節における実践事例を通してその現状と課題にふれておきたい。

第2節 事例から

1. 事例(1) 発達障がいのあるＡ男の自立支援

> Ａ男は16歳の時，児童心理治療施設から，当ホームに入所となる。Ａ男は母子家庭で育ちADHDの診断があったため，コンサータを服薬していた。Ａ男の発達特性もあり育てにくかったことで，母もネグレクト状態となり，小学校，中学校と家庭内でＡ男の窃盗が繰り返し行なわれ，養育困難となって児童心理治療施設入所にいたった。しかし，

施設では無断外泊をして母に会いに行くことが続き支援困難となり，当ホームに入所となった。

前施設から通っていた通信制の高等学校へは，引き続き登校した。また，当ホーム入所前に障がい者職業センターで検査を受けており，単純作業が得意であるということと，接客が苦手ということが結果としてでた。そこで，ハローワークで仕事を探すために障がい者窓口に行くが「俺は障がい者じゃねぇ！」と怒り，一般窓口で探したスーパーでのアルバイトを始める。しばらくして他の店での万引きが発覚したことで，高校が停学処分となってしまう。

その後は，短期のアルバイトを探し，いくつかのアルバイトを掛け持ちでがんばっていた。しかし2か月後に，バイト先のスーパーにおいて，現金と廃棄処分になった商品を盗むことが複数回あり退職となった。2回目の万引きということもあり，高校は自主退学となった。

ホームとしては発達障がいの影響もあると考え，医療機関を継続して受診し薬を変更しながら様子を見ることにした。また，発達障がい者支援センターにも相談し，心理検査や面接を行うことにした。A男は常にストレスフルの状態で，それを上回るストレスがかかると衝動性を抑えきれず，盗みをしてしまうことがわかった。発達障がい者支援センターがA男に対して，得意なことと苦手なことをわかりやすく説明してくれたため，A男は自分の特性の理解を進めていった。一方で仕事を失ったことで障がい者就労・生活センターに相談に行ったが，盗みをしているためなかなか仕事がみつからなかったことと，A男自身が支援を拒否してしまったためしばらく就職はできなかった。

母子関係不全のなか，家庭調整を試みてA男の様子を母に伝えるが，盗みを繰り返し行なうことから母はA男に会わないと拒否的な態度であった。A男にも母との面会の様子を伝えると，「そうだと思う」というものの「次はいついくるの？」と自分の様子を伝えていることだけでもうれしい様子をみせた。

しばらくすると，農園の仕事につくことができた。少人数で行なっているため盗みをすることはなかったが，気分の浮き沈みがあって作業スピードが遅くなることで，先輩から「そんなに遅いのなら歩合制にするよ」といわれ，辞めることとなってしまう。

その後もいくつかのアルバイトに就くが，そこでも店の物を盗んでしまうことが発覚。また，ホームにおいても他児ものを盗むことが続き，児童相談所に一時保護となり退所となった。その際，親戚のところへ一時帰省することができたが，そこでも物を盗んでしまったため引き取られることはなかった。退所後は，知的にもボーダーということで，療育手帳を取得して18歳になり，精神障がい者のグループホームへの入所となった。

　母子家庭でのネグレクト状態から，ADHDの発達障がいがあり，万引きを繰

り返したことで養育困難となったケースである。A男の行動には母に振り向いて欲しいという気持ちもあったと思われるが，その結果，母子が分離される状況となった。障がい関係の相談機関に相談し，連携を図るもA男自身が障がいを受容できておらず，就労や施設での失敗経験を繰り返すことでそこにしか行き場がなくなってしまうことになった。

　広汎性発達障がい特有のかかわりのむずかしさから，医療機関の受診を続けたが，医師の前ではできていることをいうだけであった。本当は困り感やつまずいていること，施設への不満などがでればよいと思っていたが，医師と関係を築いていくのにも時間がかかりこちらの思うようにはいかなかった。ストレスフルの状態になると，そこでも盗みをしてしまうことから，職場にも週1回訪問して状況を聞いたりしていたが，盗みが起こってしまった。ふだん口にする何気ない愚痴を聞き流してしまっていたのだが，それこそまさにA男からのサインであったと思われる。あらためて仕事の話を聞くと何もないとこたえるのだが，日常の生活のなかでサインを読み取って，職場とも連携する必要があったと考えられる。

　一時保護されても，母がA男に振り向くことはなかった。しかし，親戚と連絡をとることができ，一時帰省を行うがそこでもだまってものを隠すなどの事があって，親戚も引き取るまでにはいたらず距離を置くようになった。

　学童期から物を盗ってしまう行動が癖になってしまっていることについて，親を求めての行動であったと思うのだが，青年期において衝動的に気づけば盗ってしまっていたということで，関係機関との連携を図って対応するも家庭を求めている部分がとても大きかったように思う。

　自立援助ホームを退所となり，親も引き取りをしないということで，療育手帳を取得して，精神障がい者のグループホームに入ることになったのだが，当施設での失敗経験の積み重ねで結果的に障がい受容することになってしまった。一般就労か福祉就労かの非常にむずかしいところにいるグレーゾーンの児童へのアプローチについて，さまざまな福祉サービスを含めた選択肢があって支援が受けられるという説明だけでは不十分である。また障がい受容できていない本人の意向に沿うことがデメリットにつながる可能性もあるといえる。この事例でも，A男の障がい者でないという主張から一般就労のみに焦点をあてるのではなく，A男の意向を確認しつつ職場体験などA男の適性をためす機会をもつことを増やす取り組みなどが必要であっただろう。

2. 事例（1）のコメント

　母子関係不全，虐待，発達障がい，盗み等々の複数の問題が混合した場合，それぞれの対応だけでは問題解決しないところがむずかしいところである。Ａ男の場合だと，児童相談所，医療機関，発達障がい者支援センター，障がい者職業センター，ハローワーク，家庭裁判所とかかわる機関が多かったのだが，Ａ男が障がい受容できていないために利用ができなかったり，盗みがあるからということでなかなか仕事が見つからなかったりと支援の方向性を見出していくことがとても困難であった。

　母に振り向いて欲しいが，それを母が拒否していてもそこを乗り越えていけない部分が最も支援のむずかしいところであった。しかし，母に拒否されながらも母との調整を行うことでＡ男と信頼関係を築くことができたと思う。Ａ男自身だめとわかっていながらもどこか母に期待する部分がある。そこを職員が結果がむずかしいとわかっていながらも動くことはＡ男自身が母との関係を乗り越えていくうえで必要だったと感じる。このＡ男とのつながりは退所後もきれることなく，今でもアフターケアでかかわりをもっていることを補足しておきたい。

3. 事例（2）　性的虐待を受けたＢ子の支援

　Ｂ子（15歳）は，幼少期に母からネグレクトを受け，万引きをしたことで児童養護施設へ２年間の措置入所となった。中学生になった時母に引き取られるが，再び万引きがあり，中学３年生の時に離婚した実父に引き取られことととなった。その実父より数か月の間，性的虐待を受け８月に当ホームへの入所となる。

　Ｂ子は通信制高校に合格していたため，高校に通いながら飲食店でのアルバイトを開始した。高校に通いだしてからしばらくすると，男子生徒との交際が始まり，原付で二人乗りをして停学になる。交際が始まるとすぐに性交渉をしてしまい，担当職員と婦人科に通院するということが繰り返された。

　関係者のかかわりとして，児童相談所の保健師による性教育，心理士よる心理面接をしながら医療機関へのカウンセリングを含めた通院をＢ子に進めたが，「何度も同じ話をするのはいやだ。」といってＢ子はそれを拒否した。また，児童相談所の専門科相談をホームの担当職員や関係者で行ない，幼少期からのネグレクトで愛着障がいがあり，性交渉をもつことで自分のさびしさを埋めていると助言をもらう。また，心理の専門科

相談においては，三層に分かれて人格が形成されているが，その底辺に「私なんていらん子」，その上に「肥大的な自己表出」，そして頂点に「うまくやる社会性のB子」がいるということで，底辺のベースを育てることが大事であるという助言を受けた。それらの助言を配慮して自立支援にあたることにした。

しかし，気分の波が激しい時があり，一度癇癪を起こすと暴言を吐いたり，暴力的になることがあった。そのため，児童相談所での面接中に注意を受けたことに腹をたてて飛び出し，そのまま行方がわからないところで声をかけられた男性と性関係をもつことがあった。

学校では，停学処分が終わってからも不純異性交遊の注意を受けて，再度停学になり，その処分後は個別授業をするということを繰り返していた。

日常生活では，飲食店のアルバイトを転々としながらも続ける事ができた。異性に甘えることがじょうずなところもあり，年上の男性とよく遊ぶが性交渉まではいたらなかった。年齢が離れていることもあってか，アルバイト先では不純異性交遊はなく，明るく大きな声で接客できていると誉められることも多かった。

ホームの職員は児童相談所，以前一緒に暮らしていた実母などと連携をとりながら支援にあたるが，B子は交際相手を次々と変えながら性交渉を行なっていった。その都度，婦人科を受診したり，月経がこないからと妊娠検査薬を使用するなどを繰り返したが，性交渉自体をやめることはできず，後になって自暴自棄になってしまうことが多い。注意されることもしだいに増え，それに対して癇癪を起こして職員に暴力をふるったことで，ホームを退所となってしまう。

事例(2)は，性的虐待で受けた心の傷をどうフォローしていくのかがとても困難なケースであった。女性職員を中心にケアしながら，関係機関とも連携をしてきたが，医療機関についても性交渉後に通院するということとなり，後手の対応になってしまっていた。愛着障がいからなのか，依存傾向が非常に強く異性を求めてしまうことを止めることができなかった。

ホームでの支援だけにとどまらず，連携できる関係機関や社会資源を増やしていきながら，性的虐待を受けた児童のフォローやケアを行なっていくという方針で，児童福祉司との面接，児童心理司による心理面接，保健師による性教育を定期的に行った。また，学校とは日々の様子の情報交換を行い，連絡を密にとっていた。しかし，学校での不純異性交遊が続き，停学処分が続くことで，交際自体が自分を大切にするという認識よりも，行なっていけないことのように感じてしまったのではないかと推察する。

施設の職員体制においては，常時一人勤務になることが多いうえに，若い職員がＢ子にかかわればかかわるほど振り回されて疲弊してしまった。
　Ｂ子の生育歴をみてみると，幼少期のネグレクト状態からくる愛着障がいがある。また，思春期においては性的虐待を受けているところから，適切な大人との関係がとれたのは，児童養護施設に入所していた頃からであると考えられる。精神的に不安定になることが多いのも，ベースとなる適切な大人との信頼関係が不足していることが大きい。
　Ｂ子も親を求めていたが，母は問題行動を起こすことを理由にＢ子を拒否してしまった。そこからの寂しさもあり，異性に依存するしかなかったかのように思われる。しかし，Ｂ子がアルバイトをがんばっていることなどを親に伝えることで，Ｂ子を認めてくれ，ほめてくれる様子もみられていた。そのようなプラスの体験を積み重ねて，面会に結びつけていくことができればよかっただろう。
　また，性教育をしながらも信頼できる大人との適切なかかわりが大事であったように思う。しかし，それを実践することは非常にむずかしく，すぐに癇癪を起こしたり，まわりを自分のペースに巻き込んでしまうＢ子に対しては複数での職員対応がもっと必要であった。
　支援の方向性を現状の生活だけで考えるのではなく，Ｂ子自身が限界になってしまう前に進学自体を方向転換して，まずはアルバイトだけに集中する方法も選択肢としてはあったかのように思う。Ｂ子も問題行動がエスカレートしていき，職員も疲弊していくなかで，支援が手詰まりになってしまう前に，対応を関係者で協議できればまた違った展開になったのかもしれない。

4．事例(2)のコメント

　性的虐待を受けた子どものケアにどう取り組んでいくべきかが課題になる事例であった。携帯電話やSNSが当たり前の時代のなかで，異性に依存にて転々と自分の居場所を追い求めてしまう前に，施設のなかで何をして，また，児童相談所や医療機関，アルバイト先，学校などの関係機関と密接に連携してどのように支援にあたっていくことが大きな課題だと感じる。
　また，性的虐待だけに目を向けたケアではなく，それ以前から混在するネグレクトや愛着障がいへのケアも同様にしっかりと行っていかなければいけないものだと考える。

第3節　おわりに

　自立援助ホームにおけるソーシャルワークを考えた際，自立支援計画を作成しての直接的支援と，地域の関係者等のネットワークを構築しての総合的支援を実践していくにあたって2つのことを留意して行っていかなければならないと考える。

　まず，1点目はホームへの入口となる部分で，生育歴の把握とそれをどう支援に生かしていくかである。虐待事案が多いなかで，愛着障がいをもちながら施設生活を転々とし，不適応になった児童も多い。また，入所においても家庭からの適切なかかわりがなされなかったなかで，非行などの問題行動を起こしてしまう児童もいる。児童福祉施設での生活が長い児童もいるなかで，精神的にもまだ育っていない児童が社会生活の「働くこと」をはじめていくうえでの課題は多い。また，ホームの退所を考えた際に，社会生活を送っていくにあたってこれまでの生い立ちの整理も少なからずふれていかなければならないことを感じる。

　2点目は，出口の部分をどのようにしていくかということである。つまり，どこにも行き場がなくてホームに入所している児童の退所をどうイメージしていくかの課題である。短い入所期間で次の行き先をみつけることはむずかしいのだが，成人してもつながりがもてる機関とのネットワークの構築も必要になってくる。また，関係機関との連携ができない児童についてのアフターケアをどうしていくのかも課題になっている。

　以上，これまでの生育歴を振り返りながら，少しずつ成功体験を増やしていけるように自立支援計画を立て，やがてスモールステップで行なえる実践を一つずつ増やしていきたい。その積み重ねが自立へとつながるように支援をしていくべきだが，むずかしい課題が次々とでてくるのが現状である。

　なかなか出口への見通しがみえにくい児童の入所が多いなかで，実践していくことを考えた際に，これまでその児童にかかわってきた機関の特性を生かしながら自立支援にあたり，最終的に退所に向けた関係機関とのネットワークづくりがよりいっそう求められるだろう。それと同時にアフターケアでかかわり続けていける信頼関係を児童と構築し，退所後も見守っていける支援体制を整えていくことが必要になっている。

第11章 分園型小規模グループケアと里親支援におけるソーシャルワーク

第1節　児童養護施設の分園型小規模グループケア

　近年，児童養護施設ではケア単位の小規模化と家庭的養護の推進という方向性が打ち出され，十数年かけて日本の社会的養護の養育形態を里親及びファミリーホーム，グループホーム，児童養護施設，がそれぞれ概ね3分の1ずつとなるように各都道府県単位，施設単位で「家庭的養護推進計画」を作成して取り組んでいくこととなっている。

　小規模グループケアは，児童養護施設のケア単位の小規模化を実現するために，施設定員の枠内で児童のケア単位を6人以上8人以下とし，本来の基本配置の他に，児童指導員または保育士を1人，管理宿直等職員（非常勤）1人，年休代替え職員費等が加算される制度である。児童養護施設本体の敷地内で行う小規模グループケアと，敷地外においてグループホームとして行う分園型小規模グループケアの形態がある。

　ケア単位の小規模化や，とりわけ本体施設から離れた分園型のケアにおいては，そのグループ内の出来事が周囲に伝わりにくくなり，閉鎖的・独善的なかかわりになる危険性があることに加えて，職員が一人で勤務することが多くなって多様な役割や判断を求められるので，課題を一人で抱え込んで孤立化する危険性があることが各地の小規模化の先進事例から報告されている。

　筆者が所属する児童養護施設は，定員100名だった本体施設を施設分割して，2014（平成26）年4月に開所した定員20名の児童養護施設である。8人定員が1つ，6人定員が2つの，3つの小規模グループケアで構成されている。開所時には，主に家族再統合の見込みが立ちがたく措置の長期化が予測される児童や，発達や成長の特性から小集団での生活がより適していると考えられる児童が本体施設から移行した。当施設では，小規模化の際に予測される課題に対応していくた

めに，小規模グループケア3つのユニット化，グループ内で2人以上で子どもに対応できる勤務体制を可能なかぎりつくる[1]，原則週1回の会議設定で，その時々の課題を部屋単位から全体で共有して対応するよう取り組んでいる。

第2節　里子支援の活動

1．里子デイ活動の取り組み

　家庭的養護推進の流れのなかで，筆者の施設では里親養育支援，ファミリーホーム支援の基幹的施設としての役割を担うことを掲げて取り組んでいるところである。また施設の里親支援専門相談員として里親子支援にできるところから取り組んでいきたいと，児童相談所と当施設と併設の乳児院とが連携し，里子デイ活動『おひさまクラブ』を始めた。『おひさまクラブ』の主旨は，「長期休みに施設の1室を利用し，里子をデイケアすることによって，里親と施設が一緒に里子の成長，発達を共有する」ことであり，目的，内容プログラムは以下の通りである。

＜目的＞
①長期休暇は里親と里子の関係が密になるため，レスパイトを行い相互のリフレッシュを図る。
②長期休暇中の学習（宿題）支援。
③里子どうしの交流を図る。
④養育委託後の里子の様子を知ることにより今後の施設養育のあり方を考える。

＜内容＞
①原則当施設（乳児院・児童養護施設）から養育里親委託された小学生以上の里子を対象とする。
②児童相談所が参加確認等の連絡窓口となる。
③活動時間は，9時〜17時。
④夏季休暇は4日間程度，冬期休暇は3日間程度の実施とする。

表11-1 『おひさまクラブ』一日のスケジュール

9：00	集合
～9：30	はじめの会（自己紹介と今日のひとこと）
～11：00	プログラム①（学習）
～12：00	室内遊び（カードゲーム・ボードゲーム・読書など）
～13：00	昼食
～16：40	プログラム②（活動）
～17：00	おわりの会（今日の感想）
17：00	お迎え

（時間はおおよその設定）

『おひさまクラブ』の活動は，当施設開設の2016（平成28）年の夏休みから開始し，その後も夏休みに4日間，冬休みに3日間実施してきた。日程はこちらから提示するため，回ごとに参加人数に差はあるが，少ない時で4～5人，多い時で10人の里子が参加している。表11-1の午前のプログラム①では，それぞれ夏休みの宿題を持参して取り組み，午後のプログラム②では，プール，調理実習（昼食づくりやおやつづくり），集団遊び，公共施設での活動（交通科学館，健康科学館，平和資料館など）に取り組んできた。5度目の実施となった今年の夏休みは，1泊2日の宿泊活動として，当施設の小学生と一緒に参加して，海ほたるの観察やカヌーなど海ならではの活動を体験し交流した。

2．里子デイ活動に期待される効果

施設職員は勤務を離れて自宅へ帰ることもでき，休日もあるが，里親家庭の養育には基本的に休日はない。社会的養護のなかで生活する子どもたちを，最も家庭的な環境のなかで養育している里親さんには常に頭の下がる思いである。『おひさまクラブ』は，目的に掲げたように，発達に課題を抱え対応に配慮を要することが多いであろう里子に日々向き合っておられる里親さんに，長期休みに週1回程度でもレスパイトになれば，そして里子どうしが楽しく交流してつながりができれば，里子と仲よくなって里親さんと共に里子の成長を共有できれば，という思いで取り組み始めた里子デイ活動である。

これまでに5回，のべ17日間の活動を実施してきたが，まだ考察を加えるほど実践が積み上がっているとはいいがたい。それでも回を重ねるたびに，参加里子どうしが顔なじみになり，自己主張し合ってケンカし，話し合って理解し合うな

ど，かかわりが深まってきたと実感できるようになってきた。また，初期のころは恥ずかしがって自己紹介ができなかった子が，「一番にいいたい」というまでになるなど，継続して取り組むことで個々の変化や成長を実感でき，参加しているみんなでそれを確認し合って喜び合うことができるようになってきている。「『おひさまクラブ』は和やかでほっとできるから好き」と参加してくれている高校生のCさんは，小学生から「Cさんに宿題を教えてもらうとよくわかるから教えてもらいたい」といわれたことが自信となり，より丁寧に宿題を教えてあげていた。高校生や大学生里子の参加で，里子どうしの縦のつながりも育まれている。

この夏に実施した1泊2日の活動は，当施設の小学生も一緒に参加して楽しい交流の場となると共に，里親さんからは「里子が楽しかったと喜んでいた」という声と共に，「何年ぶりかにゆっくり過ごせた気がしました」との声を聞くことができた。

3．里子デイ活動へのコメント

この里子デイ活動を通して，里子どうし，児童相談所・施設と里親子が，縦横につながりのネットワークをつくっていくことができればと願っている。この活動を継続していくことで，今参加している小学生の里子が中・高生になり，その下の里子のよきお兄さん，お姉さんモデルになっていく，あるいは年齢が上がるにつれて参加しなくなったとしても，何か困難に直面した時に，相談できる場所として里親さんと共に『おひさまクラブ』でかかわった誰かの顔を思い出してもらえるように取り組んでいきたいと考えている。

第3節　里親子支援の実践事例

次に，施設が担う里親養育支援の役割について，筆者が里親支援専門相談員としてかかわった事例をもとに紹介していきたい。

1．事例　高校中退後，関係性が悪化した里親子への支援

> A（当時，高校2年生男子）は，2歳で養育里親へ委託された。高校進学するも1年生の秋頃より休みがちになり進級できず，通信制高校へ転校して卒業をめざすこととなった。里親宅は交通の便が非常に悪い地域にあり，通信制高校へは里父母に車で送迎し

てもらっていた。通学し始めたものの、普段は昼夜逆転に近い生活で自室に引きこもりがちになり、里父母とも会話をしなくなった。心配した里母から相談があり、児童相談所の里親支援担当者と一緒にかかわることになった。

　筆者らは、家庭訪問を続けて里父母とAそれぞれと面談し、それぞれの考えや思いの詳細を聴くことに努めた。すると、里父母は「Aに高校卒業をしてもらいたい」「自分達ができることはやってあげたい」と考えており、Aはファッション関係の仕事に就くという夢を持っており、専門学校への進学を希望し、その為にアルバイトを探していることがわかった。里親子面談では、相互の気持ちを代弁して伝えるようにし、Aは「希望の専門学校へ進学するために高校卒業をめざして登校、課題をやりきる」「アルバイトにも取り組む」ことを、里親は「一緒にAを応援する」「できる時は送迎する」と取り組みの方向性を確認していった。

　里父は仕事で不在になることが多く、主には里母が家事の合間にAの送迎を行なっていたが、車を準備していてもAが欠席する状況や、送迎の車中でほとんど話さない態度に、「一生懸命やっているのに、話しかけても無視をして、自分のやってほしいことだけいってくる」と不満を訴えることが多くなっていった。一方、Aは里母に対して「里母は、自分がすべて正しいと思っている」と気持ちが固くなっており、関係性の悪化が見られた。そんな折、Aが里母を叩くという事態となった。

　里母の話では、Aはアルバイトを始め里母が送迎していたのだが、その日はアルバイトがあると思っていなかった里母が、送る準備をしておらず遅れそうになったことで口論になり、カッとなったAが里母を叩いたとのことだった。訪問した里親支援専門員に里母は「もうどうしていいかわかりません」「一時保護してください」と語気を強めて話した。

　Aにその時の状況を尋ねてみると、Aはいい合っている時に、自分が一番いって欲しくない「高校を辞めたくせに」といわれたことで怒りが湧いて手が出たと話した。その時の気持ちを聴くと、「叩いたのは間違っているとわかっている」「通信に行って同じ夢を持つ友人に出会えて、今は後悔していない」「今は将来の事を考えている」と話した。

　そこで私達は、里母はAと会話したいと思っていること、Aは夢に向かってがんばりたいと考えていること、などのそれぞれの気持ちを相手に肯定的に伝え、それぞれが相手に「こうしてほしい」とお願いしたいことを話し合ってもらった。Aは里母に対して「高校を辞めたことを言わないでほしい」「バイトに向かう車中は気持ちを切り替えているので話しかけないでほしい」と挙げ、里母は「予定をカレンダーに書き入れてほしい」とあげた。それぞれにやれそうかどうか尋ねると、「それならできる」と確認することができ取り組むことになった。

> その後も筆者は、アルバイト先でのAの働きぶりを実際にみてそのがんばりを里父母に伝えたり、またAが志望している専門学校のオープンキャンパスに、Aが参加した際には、Aがどのような準備をして参加したかを話してもらい、できたことを確認してAと里父母と共に喜び合った。
>
> 里母とAの衝突はその後もあるが、これらの取り組みを通して、里母とAとの会話が少しずつ増え、Aも里母が自分を応援してくれていると感じられるようになるなど、相互の関係性がよい方向に変化してきた。その後も、Aと委託の経緯や実親について話をした際に、Aから「里親委託されてよかったと思う」という言葉を聞くことができたのだった。

2. 事例のコメント

　この事例で筆者らは、以下のような考え方を基にして子どもや里親の支援に取り組んだ。

①日常生活とは関係性の相互生成過程である

　人は常にさまざまな他者との関係性からなるある状況下におかれ、その状況について、その人特有の判断基準に基づいて、自分と他者との関係性をそれぞれ特有に認識して「これは○○だ」と意味づけし、「だから○○しよう」と、それに見合った行為を選択して実践し、自分と他者との関係性からなる新たな状況を展開させている。私達の日常生活は自分と他者との関係性からなる状況を認識し、それに見合った行為を選択して実践し続け、自分がおかれた状況を変え続けていく、状況と実践が連動しながら自他の関係性を相互に生成し続けていく過程である。

②「訴え」をどうみるか

　このような自他の関係性の相互生成過程のなかで、苦しい状況の「訴え」として語られるのは、直面しているその状況を「これは○○が問題だ。この状況を何とか変えるために○○しよう（しなければならない）」と認識して、考えうる行為のなかから方法を選択して実践を試みていく過程で、「これはこういう意味でこれしか方法がないがどうにもならない」と思う状況が維持し続けている事態である。「訴え」は直面する苦しい事態についての、その人特有の現実の構成であり、それを「どうにかしたい」と支援者に伝達する行為である。

第2部　児童・家庭福祉施設におけるソーシャルワーク

図11-1　具体的行動の最小単位であるメッセージのやりとり

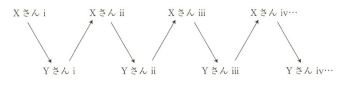

図11-2　二者間のメッセージの連なり

③「訴え」を具体的行動の連鎖として捉え直す

　苦しい事態や出来事は「訴え」としてさまざまに語られるが，実際に目の前に展開しているのは，生活場面での自他の関係性を土台とした具体的行動の連なりである。言い換えれば「訴え」は日常生活場面の具体的行動として捉え直すことができるのである。その具体的行動の最小単位は，そこにかかわる人と人の言語的・非言語的メッセージのやりとり（図11-1）であり，そこにかかわる人と人のメッセージのやりとりの連鎖として捉え直すことができる（図11-2）のである。

④変化を共につくり出す

　「どうにもならない」と認識して関係性が悪循環して硬直化する事態は，本来なら無数に存在しているはずの認識の仕方や行為の選択肢が，そこにいたるまでに排除されて「これしかない」と意味づけられてしまった事態である。ここでのソーシャルワークの役割は，そこに介入して対象者と共に変化をつくり出すことである。訴えとして語られる出来事を，対象者と共にメッセージのやり取りの連鎖としてとらえ直していくことを通してふり返り，排除されてしまった認識の仕方や行為の選択肢，違いがある認識の仕方や行為の選択肢，あるいは他の可能性を浮かび上がらせることをめざしていく。そして，浮かび上がったものから解決可能な形に定義し直して，実践可能な方法を立案して実践していくことで変化をつくり出していくのである。

これら4つの考え方に基づいた支援が実際にどのように展開されていくのかを，事例をもとにさらに考察してみたい。まずこの事例では，「Aが里母を叩いた出来事」が関係性変容，状況の好転へのターニングポイントとなったと思われる。叩いた出来事を二者間のやりとりのレベルにおろしてそれぞれとふり返っていくと，それぞれの認識の仕方の違いが浮かび上がった。里母から発信された「高校を辞めたくせに」のメッセージは，里母にとってはそれほど気にかけるものではなかったが，Aにとっては非常に怒りが湧くメッセージだった。また，里母が「話しかけても無視される」と認識していた車中の場面は，Aにとっては「アルバイトへの気持ちを切り替える」場面であった。それぞれの認識の違いを伝え合い，「里母は，Aがアルバイトに行く車中では話しかけない」「Aは，里母が予定を立てられるよう，カレンダーに予定を書き入れる」という実現可能な課題を出し合って実践するよう確認した。その結果，里母が認識していた「話しかけても無視するA」，Aが認識していた「言い過ぎる里母」の関係性定義が，「アルバイトをがんばろうとするA」「自分が提案したことを受け入れて応援してくれる里母」へと少し変化させることができた。そして，その認識の仕方と行為選択の変化は，その後のやりとりの文脈となって，相互を肯定的に認識していく流れをつくり出すことができたのである。

第4節　おわりに

　一般的には子どもの成長発達に伴って，各家庭に特有な形で家族が危機に直面することはよくある。里親家庭もまた里子の成長に伴い，それまでの関係性に変化が生じて関係性の危機に直面することになるが，里親子間では一度葛藤が生まれると，里親は善意で一生懸命かかわっているがゆえに，「こんなに尽くしているのに，結果が出ないのか」との悲観や落胆が大きく，里子が高齢児であれば「ではなぜ委託を受けたのか」等と，関係性が悪化・硬直化しがちである。これで一気に縁組解消へ進む場合もあり，実際に18歳までに措置解除（縁組解消）や措置変更になる数が一定数いるのが現状である。
　子どもを家族の一員として迎え入れ，新しい家族関係をつくっていこうと決断した里親子の初心を生かしていくために，里親子の間で生じる諸課題の解決に取り組むことは，社会的養護を担うソーシャルワークの大きな役割であると考える。

しかし，ソーシャルワーカーが取り組むことができるのは，問題解決といった大それたことではなく，そこにかかわる対象者と共に，目の前に展開している生活場面の具体的な出来事を丁寧に振り返り，捉え直し，実現可能な目標を立案し，実践してふり返ることを繰り返して，変化をつくり出していくことである。

社会的養護にかかわる当事者団体のソーシャルワーク活動

　全国の児童養護施設や里親家庭などの社会的養護のもとで暮らす子どもたちの総数は，約4万5,000人である（厚生労働省，2017）。多くの子どもたちが親からの虐待やDVなどにより大きなトラウマを抱え，また，複雑な喪失体験を背負っている。こうした社会的養護で暮らした人たちが中心になって運営する「当事者活動」は全国で12か所ほど運営されている（2015年2月現在）（スタイン，2015）。「当事者活動」について筆者自身も所属し活動しているNPO法人のサポートセンターAの実践を紹介しながら，現状と課題について述べていきたい。しかしながら，当事者活動における事例が少ないことや支援の終結がみえにくいということ，また個人情報保護の観点から,紹介のなかで実例を取り上げることはできないことをご承知いただきたい。

第1節　施設からの巣立ち―不安・不信を抱えたまま，先のみえない社会へ―

　子ども時代にさまざまな困難を経験した人が，人生を自分の力で切り開き，歩むには，生い立ちの整理やトラウマのケア，さまざまな喪失に対するサポートなどが必要である。また，無条件に受け入れてくれる人との密接で長い時間をかけてのかかわり合いが欠かせないと思われる。こうした安心・安全が保障された癒しのプロセスを経て，子どもが自分の力で歩む準備が整う時期は，当然一人ひとり異なる。しかし，原則として18歳になると一律に支援が終わってしまうのが，現代の社会的養護の実態である。その「終わり」の時，子どもたちは，住む場所はもとより，それまでの養育者や家族，友人との関係，経済的な状況，地域とのつながりなどの生活全般にわたり，本人が望む望まないにかかわらず，大きく変わることになる。

　こうして社会的養護のもとを巣立ち，その後，多くの困難を抱えている若者が

たくさんいる。住み込みで就労した若者が、仕事や職場の人間関係につまずいて離職する場合、同時に住まいも失う。行き場を無くし、夜の街で声をかけてくる大人たちの社会で暮らすようになってしまうことも多々ある。社会的養護を巣立ったばかりの若者たちは、だれに助けを求めればよいのかわからないのである。これまでお世話になった施設職員や里親に「頼ってよい」といわれていても、失敗した姿を見せたくない場合も多々ある。「どうせ無理、できない」と、自分の人生をあきらめてしまっていることすらあるのである。

第2節　当事者活動の現状

　当事者活動は、社会的養護を巣立った人たちによる支え合い、「ピアサポート」である。同じように社会的養護で育った先輩たちが、「当事者」であるという強みを活かして、経験した喪失や苦しみ、悲しみ、喜びなどを安心して共有できる場をつくり、その運営を担っている。先輩たちは、自分自身の実体験を語り、「あなたの体験や今の状況は、一人で抱え込まなくてもよい」、「自分の体験は、話をしてもよいものだ」と、伝えることができる。そうすることで、若者が自分自身のことを語り、過去や今の自分を少しずつ整理し、向き合っていくことができるのである。また、一緒にレクリエーションをしたり、スポーツをしたりと、余暇活動を取り入れている団体が多い。さまざまな感情や事情を共有できる当事者と過ごす多様な時間は、一人ひとりを癒し、エンパワーする力をもっている。

　しかし、こうした活動に参加できない若者も多数いるのが実態である。生活状況が困難を極めていたり、自分の暮らしをよくすることに意欲をもてなかったりするなど、孤独のなかにいる若者たちである。SNSやライン、携帯電話などを使って、こうした若者や子どもたちとのつながりを継続することも、地道ではあるが必要なサポートである。

　このように、社会的養護を巣立った人たちには、安心して活動のできる場が少ないという深刻な問題を広く知ってほしい。

第3節　「サポートセンターA」設立の経緯

　親からの虐待やさまざまな家庭の事情で、親と一緒に暮らすことができず、社

会的養護のもとで暮らした大半の子どもたちは不安を抱えたまま，社会へ自立していかなければならない。ちなみにそうした当事者が「自立」していくことは容易なものではない。それは経済的・精神的面からの両面から非常に大変な状況にあると考えられる。

　そのような時代背景にあって，全国各地で児童養護施設や里親家庭等で育った当事者が社会へ自分自身の実体験や社会的養護の制度・政策の充実を求めて発信している。まだまだ知られていないことが多くあるので，当事者としてまた支援者として発信し，一人でも多くの人たちの理解・協力を得たいものである。「自分にできることを無理なく，やれるときに楽しくやる」を大切に，こうした自立支援の問題解決を図りたいと考えて団体を設立した。

第4節　「サポートセンターA」の活動内容

　ここで，筆者が活動する当事者団体「サポートセンターA」の活動内容を紹介していきたい。

①**サロン活動**

　当事者の仲間づくり・居場所づくりとして月1～2回，当事者や会員たちが集まってお茶を飲みながら楽しい時間を過ごすことができればと思っている。自立後の生活・就労の相談も合わせて実施している。また施設や里親家庭で生活している子ども対象の「Bサロン」を企画し，交流をしてきた実績もある。

　しかし，この「Bサロン」はなかなか機能していないのが現実である。当事者が他に仕事をしていることもあり，事務所に必ず居る状況にないということが非常に大きな課題である。また，サロン利用者が固定化してしまうことの課題もある。このあたりの課題を整理し，サロンを必要とする多くの若者が利用しやすい環境や仕組みを考えていかなくてはならないところだと思っている。

②**社会的養護施設・団体等へ訪問**

　施設や里親家庭・ファミリーホームで生活している子どもたちへの就職・進学相談等，施設・里親会主催行事（お祭り・クリスマス会・卒業生を祝う会など）への参加を随時行っている。一度に2～3名程度で，年に10回以内くらいの頻度で参加している。訪問時は子どもたちも非常に喜んでくれている。最近では，施設から就職や進学に関しての話をしに来てほしいという依頼が増えており，その

ニーズは高いと感じている。当事者からの実体験の話はどの子も真剣に聞いている。

③高校生対象の大学等助成制度説明会

　全国の児童養護施設から大学等への進学率は一般の進学率の約5分の1程度という現況である。このようにまだまだ児童養護施設や里親家庭からの大学等への進学は困難であり，ハードルが高いのが実情である。そのなかで子どもたちは自分の生き方を日々，懸命に模索している。そうした子どもたちを対象に行っているのが高校生対象の大学等助成制度説明会である。実際に進学した先輩当事者が入所の経緯，施設での生活，進学までの取り組み，社会へ出て一番困ったこと等，すべて実体験を生々しく語っている。また給付型奨学金制度や大学独自の助成制度についても資料を配布し，詳細を伝えている。その他に数名，先輩当事者に会へ来てもらい，個別相談にも応じてもらっている。高校生も当事者どうしだと安心でき，話が弾むようである。

　この企画をやろうと思い立ったきっかけは，筆者自身が大学進学をするのに金銭面でとても苦労したので，少しでもそのことを現場の職員や里親，進学を目指す子どもたちに伝えたいと思ったことと，とにかく奨学金制度について知ってほしいという願いからである。最近は少しずつ進学に関する意識が高まってきたため，相談も増えてきているように感じている。

④わくわく集会

　乳児院や児童養護施設等といった児童福祉施設・里親家庭で育った人たちの経験談を聴いたり，未来の社会的養護を担う学生，施設職員，里親等が児童養護問題や今後の課題を共有し，みんなの知恵を寄せて，これからの社会的養護についてなごやかな雰囲気のなかで考え，学ぶ場である。

　この集会は年に3～4回実施しており，参加者数は毎回平均30名前後。これまでの参加者総数は約600名。当事者や現場奮闘者の語りなど多種多様な人たちが集い，なんでも語り合えることが魅力的である。

　毎回参加者数が増えていることは非常に喜ばしいことである。さらにもっと施設職員や当事者の参加が増えてくるとよいと考えている。そのために内容や開催時期の見直しも必要であると考えている。

⑤記念品贈呈事業

　毎年，年度末に施設や里親家庭を巣立っていく子どもたちに記念品を贈呈して

いる。この財源は会員や賛同者からの寄付である。また助成金等も活用して贈呈した経緯もある。過去においてはマグカップやボールペンを贈ってきた。マグカップには何かあった時にすぐに電話したいと思う場所や人の名前と番号が書き込めるようにデザインして贈ったことがある。2015（平成27）年度は３つの県の児童養護施設を卒園する子どもたち総勢約160人に記念品を贈呈した。

⑥講演会

毎年，社会的養護について，一人でも多くの人たちに現実を知ってほしいという願いから，児童福祉関係者・会員を対象にした社会的養護に関する講演会を年１回程度開催している。毎回の参加者数は60名〜80名前後。これまで社会で活躍する，当事者である市長やシンガーソングライター，タレント等を呼び，社会へ当事者の生の声を発信してきた。今後もこの活動は継続してやっていきたい。

⑦自立援助ホームの運営

社会的養護の当事者，里親，ファミリーホーム，非行の子をもつ親，研究者といったさまざまな立場の方々が自立援助ホームの必要性を確認し合い，平成27年に設立準備会を発足し，開設準備や施設見学・職員研修を本格的に始め，「子どもたちの幸せな未来を」と願い，平成28年秋に開設に至った。大人が温かい気持

図12-1　自立援助ホームの具体例

第5節　NPO活動の意義

　NPO（特定非営利活動）法人は，「自主性」，「個別性」，「迅速性」など種々の特性をもっており，行政のもつ公平性や企業の持つ利潤追求という社会的価値にとらわれず，社会的課題に対して迅速で先駆的な取り組みができるとともに，それぞれの多様な価値観と人間性に基づく自由な意思により，個別的で柔軟な社会サービスの提供が可能である。また，こうした取り組みから社会への問題意識をもち，行政や企業に対して市民の立場からチェックし，独自の提言を行うことができると考えている。さらに，自己の能力や行動を生かし，社会的な意義を見出したい市民の自己実現の場や新たな価値観を表現する場ともなる。

　このようなことから，NPOは，行政，企業と並ぶ第3のセクターとして期待され，今後，これらがバランスよく機能していくことで，豊かで活力のある社会の構築が進むものと考えられる。こうしたことから，「サポートセンターA」はNPO活動のなかで裾野を広げていくことが大変意味のあることだと思い，活動を始め，現在にいたっている。

第6節　今後の課題

　NPOは，地域・社会の実態を十分に把握・理解し，民間の立場で行動していくべき組織である。しかし，「協働」という名のもとにNPOが行政にうまく使われ，利用されている場合があることも事実である。だからこそ，普段から行政の賛否や意向にかかわらず，緊急に必要とされる事業については，独自で取り組むとともに，行政等に大きく政策を提言し，実績に基づいて説明していく必要がある。

　また，行政に過度に依存しないために大切なことは，団体として独立し，一人ひとりのメンバーが主体性と課題を持ち続けることである。そして，それを実現するためには，役員の構成や事業内容の計画等，組織的にも高い専門性をもって役割分担をし，財政的に安定した運営をしていくことが重要だと考えている。

　そこで筆者から社会・行政等に社会的養護における提言を3点述べたい。

　1．子どもたちがどこで暮らすのか自ら選択，決定できるようなしくみづくり

をお願いしたい。
2．小学校，中学校は子どもたちの居場所にもなる大変貴重な場である。教職員が社会的養護の子どもたちの現状を知り，理解できるような研修や実習体験の場づくりをお願いしたい。
3．当事者活動や退所児童等アフターケア事業が充実していくためには運営の財源や人材の確保は必要不可欠である。継続的な運営ができるよう地域や民間団体が協力した支え合う強力なネットワークづくりをお願いしたい。

第7節　おわりに

　当事者活動は，現状の養育を単に批判・否定したり，「不幸で恵まれない子ども」というイメージを広めたりする活動ではない。むしろ社会的養護を当たり前なものにしていく活動であるととらえている。

　当事者活動の前提は，当事者が中心になって考え，選択し，決定することである。しかしこれは，一般の人を排除するものではない。筆者らの当事者活動では，自分を育ててくれた施設職員に感謝の気持ちをもちながら活動している人が非常に多い。おそらく，多くの当事者がそうした気持ちをもっていると思う。現在の筆者らの当事者活動もさまざまな立場の人に支えられてきたものである。

　自立をしていくためには依存は必ず必要である。自立とは「自分の力でやれることは自分でやる」ことと，「できないときに人の力を借りる」こと。これを両立させることで実現されるものだろう。つまり自立とは，人と共に生きることなのかもしれない。

　過去は変えられないが，未来は大いに変えることができる。筆者は自分とみんなのこれからのしあわせを信じて，これからも人とともに歩んでいきたい。

第13章 児童養護施設と学校をつなぐソーシャルワークの展開

第1節　施設種別の概要

1．児童養護施設と入所児童の特徴

　児童養護施設は児童福祉法第7条に規定されている入所施設であり，おおむね2～18歳までの養護を必要とする児童が入所している。児童の措置理由はさまざまで，虐待や貧困，両親の疾病，養育困難などがあげられる。

　近年では児童相談所の児童虐待対応相談件数の増加と共に，被虐待児の入所も増えきており，入所児童の半数以上がなんらかの虐待を受けた過去をもっている（厚生労働省，2017）。被虐待児は大人との愛着形成が不十分なことが多く，本来守られるべき親から虐待を受けることで自己肯定感が低下してしまう。自己肯定感の低さから児童の自信のなさや気力のなさにつながり，虐待を受けたことによって抱えた課題を問題行動という形で表出する。

　施設職員は施設に入所している児童と適切な愛着形成を行うことで，児童の傷ついた心のケアを図ると共に発達支援や自立支援を行っていくのである。しかし，被虐待児の対応はむずかしく，長期的なケアになるため根気が必要となってくる。施設職員のなかには児童の表出する言動を受け止めきれずバーンアウトする者もいる。ケアにあたる施設職員には，福祉に関する専門的な知識と技術，健全な人間性が必要になってきている。

　また，知的障害や発達障害等の障害を持っている児童も入所しており，被虐待児同様，対応に専門的な知識と技術が必要となる。被虐待児や愛着障害児も発達障害に似た行動を起こすことがあり，学校でもいわゆる「気になる児童」として扱われることが少なくない。入所児童のなかには発達障害とも知的障害ともいえない境界域である，いわゆる「グレーゾーン」とよばれる児童もいる。能力の低

さから学力で周囲についていけず，自尊心やコミュニケーション力の低さから交友関係においてもつまずきがある児童である。知的能力も療育手帳が取得できるほどではないため，進学や就職時に苦労することが多い。長期にわたって支援が必要になってくるのが「グレーゾーン」とよばれる児童ではないだろうか。

2．施設入所児童が抱える学校生活の問題

　児童養護施設に入所している児童にはさまざまな課題を抱えた子が多い。児童が抱えている課題を問題行動として表出するのは施設のなかだけとはかぎらない。一日の大半を過ごす学校においても児童の問題行動は頻発する。教育現場において，クラスでいわゆる「気になる子」とよばれる児童には，児童養護施設の入所児童の多くが当てはまるのではないかと思われる。

　大人との愛着形成が不十分なまま育った児童は他人とのかかわり方が不得意なことが多い。施設では養育者である施設職員に対し，試し行動や注意引き行動などで関係を築こうとしてくる。学校においても担任教諭に対し，試し行動や注意引き行動がみられる時がある。生活の場面ではこれらの行動に対して場面を切り替えてかかわることや特別扱いなどの方法で対応できる。しかし，学校という教育の場で児童からこれらの行動が起こった際，教師には対応がむずかしいのではないかと感じる。クラスという集団のなかでは，児童から愛着を求められた際に特別扱いをするわけにもいかず，無下にするとただでさえ関係を築きにくい児童との関係を築くことができない。教師も集団のなかでの被虐待児や愛着に問題を抱える児童とのかかわり方に葛藤を抱きながら対応しているのではないだろうか。

　児童のこれらの行動も，対応を間違うとエスカレートし，だんだんと手に負えない状況になってしまう。学習面でサポートの教師が入っていても，関係を築けていない教師であれば対応に限界がある。このような状況では，教育活動が思うように行えずクラス全体の学力の低下や学級崩壊の危険性も考えられる。もちろん多くの学校では教師陣の奮闘と連携によりそのような危険性を回避することができているが，それだけ被虐待児や愛着障害児，発達障害児への対応はむずかしいのではないだろうか。

3．スクールソーシャルワーカーとの関係

　問題行動が多発する当施設の児童の学習サポートのため，実際に筆者は，長期

に渡って学校を巡回する経験をさせていただいた。その経験から，学校での施設児童のつまずきと教育現場における施設児童への対応のむずかしさに葛藤を抱えた教師の現状を知ることができた。

　ソーシャルワーカーとして学校で問題行動を多発する児童やさまざまな課題につまずきがある児童のために何かできることはないかと考えていた時にスクールソーシャルワーカーの存在を知った。児童養護施設におけるソーシャルワークはファミリーソーシャルワークが主となるが，スクールソーシャルワーカーの考え方は施設にはいまだ浸透しておらず，当施設の児童が通う学校にもスクールソーシャルワーカーは配置されていない。筆者自身も日本社会福祉士会でのスクールソーシャルワーカー研修会でそれについて学ぶも，実践に活かしきれていないのが現状である。

　今後，学校へのスクールソーシャルワーカーの配置が進むにあたり，スクールソーシャルワーカーと施設のソーシャルワーカーとの連携は必要不可欠となってくる。しかし，スクールソーシャルワーカーの養成には時間がかかり，待遇に関しても条件整備が十分とはいえない状況で各学校への理想的な配置になるのはまだまだ先のことに思える。筆者は施設で働くソーシャルワーカーがスクールソーシャルワークにまで視野を広げることで，その業務の一部を担うことができるのではないかと考えている。児童養護施設職員は学校とのかかわりが深く，親代わりとして児童の連絡のやりとりはもちろん，PTAの活動や運動会，地域活動にも参加する。学校の行事や活動を通して地域の方々や生徒の保護者との交流で親睦を深めているからである。施設職員は児童の親代わりとして培った地域との強いネットワークをもっているため，学校を中心とした地域のネットワークの構築や情報収集にも役立てることができる。

　今後の児童の自立支援においても，学校の教師を積極的に施設職員や児童相談所のワーカーを交えた支援チーム体制に巻き込んでスクールソーシャルワークにも携わっていきたい。以下に，実際に筆者がかかわった学校におけるソーシャルワークの実践事例を紹介したい。

第2節　現場での実践事例

1．事例(1)　学校での問題行動が多発するＡ子

　Ａ子は小学４年生の女の子で朗らかな印象である。Ａ子が５歳の時に一時保護所からの措置変更で入所してきた。一時保護所に入る前には他の児童養護施設に在籍していたが，他児童からの性被害が原因で一時保護所に預けられることとなる。保護にいたる主訴は養育者である父親が離婚や再婚を繰り返し，Ａ子の生活環境が安定しないことによる養育困難となったケースだが，実母や継母から身体的虐待やネグレクトも受けていた。実父とは月に一度は面会が行われており，関係は良好。実父も将来はＡ子の引き取りを考え，交流を継続的に行っている。

　Ａ子は幼児の頃から活発で衝動的な行動が多い。能力的な低さはみられず，小学校に上がってからも学習面での周囲からの遅れはなかった。しかし，Ａ子が小学４年生になった頃から学校での問題行動が多発してくる。授業やテストの際に，本来答えるべきところではない場面で大声を出して指摘を受けることが多くなった。教師が指摘をすると，反発した態度をみせ，さらに指摘を受けることとなる。そのため，授業の進行を妨げているという連絡を担任教諭からたびたび受ける。また，理科の時間に性的な意味を含む言葉が出ると過度な反応を示し，その言葉を授業中や休み時間に大きな声で叫ぶ。そこにクラスメイトの男子が加わりさらに騒ぎ始めてしまうという事態がしばらく続いたため，同じクラスの生徒の保護者からＡ子が授業の進行のじゃまをしているという苦情が学校に寄せられることとなる。また，Ａ子のクラスでの交友関係は女子よりも男子とかかわることが多く，プロレスごっこのような身体的な接触や性的な発言があるため，担任教諭は男子とのかかわりを注意しながら見守っている状態である。

　Ａ子は施設での生活でも奇声を発する行為や盗み，職員への反発があり，たびたび指導を受けている。女子寮で生活しており，寮の子どもたちとの関係は良好。職員との関係においても反発することはあるが，試し行動の範疇でありおおむね良好といえる。本児の気になる行動として抜毛が挙げられる。学校での問題行動が多くなってきた時期から並行して自身の眉毛を抜く行為がみられるようになった。眉毛はほとんど抜いてしまい，現在でも生えては抜く行為を繰り返している。

　Ａ子の学校での問題行動への対応として，毎日施設職員が交代で学校について行き，午前中いっぱい本児の学習サポートを行うこととなる。施設職員がサポートについている間は担任教諭に反発することなく授業に参加できるが，サポートがなくなる午後から

は結局同じような問題行動を起こしてしまうため,根本的な対応方法とはならなかった。

2. 事例(1)のコメント

　事例(1)は,A子が学校で職員のサポートなしでもおちついて授業を受けられるようになるのが当面の課題となる。そのため,A子の現状の把握と今後の課題への取り組みを確認し情報を共有するため,学校・児童相談所・施設を交えてケース会議を行った。

　まずはA子の課題の確認として,担任教諭から学校でのA子の様子を話してもらう。そこであげられた問題行動は,大声を出して授業の進行を妨害してしまう行動と性的なものに対する反応の強さの2点である。続いて生活場面におけるA子の様子を施設職員から話してもらう。生活のなかでの問題行動として抜毛がクローズアップされる。抜毛は神経性の習癖でストレスによる一種の自傷行為であるとの意見から,A子のストレスの原因を探っていくこととなる。

　A子の行動が不安定になるのは父親との面会後が多く,学校ではクラスメイトの家庭のことをよく気にしていると担任教諭から意見が出る。父親と離れて暮らすことで抱える不満がストレスとなっているのではないかと考えられる。性的な発言に関してもすぐに性問題と結びつけるのではなく,愛情欲求による問題ととらえることもできるとし,以前の施設で性的被害を受けた際に,性的な行動で注目されることを学んでしまったのではないかとも考えられる。周囲が大きく反応してしまうと本児の行動もエスカレートする可能性もある。

　これらの情報をもとに今後のA子への支援を組み立てていく。職員のサポートがついている際にA子がんばって授業に参加できていることを評価し,ほめていくことで施設職員との関係を強めていく。しかし,職員がサポートにつくことで本児の愛情欲求を満たすのでは施設職員の負担が大きすぎるため,少しずつサポートを減らしていくこととなる。また,A子は担任教諭と一対一での会話の際には素直に話を聞くことができるため,個別にかかわる時間を増やすことで担任教諭との関係を強めていく方針をとってもらうこととなる。

　同時に父親への愛情欲求が強いため,児童相談所の協力を得ながら父親にも状況を説明し,A子の学校での生活をほめてもらうよう協力をお願いする。また,引き取れない理由や父親がA子を大切に思っていることを直接A子に伝えてもら

う。父親とA子の問題行動の解決に向けて施設職員と共に取り組むことで父親とA子の関係はもちろん，父親と施設職員の関係の強化にもつなげていく。

支援の経過として，学校・児童相談所・施設でそれぞれ役割を決めてA子の支援を行い，A子も年度の終わりごろにかけて比較的おちついて授業を受けることができるようになっていった。以前は学校での問題行動が多く，指導を受けることが多かったが，学校でのA子のがんばっているところに目を向けてかかわることを意識するようになり施設職員との関係もよくなっていった。父親の協力を得て本児の愛情欲求を満たすかかわりを意識して行ってもらえたことも現在ではよい方向に結びついている。

この事例では学校におけるA子の問題行動にソーシャルワークを通して施設・学校・児童相談所の各機関が連携して対応することができた。ケース会議を開催して情報を集め，A子への支援体制を構築することで担任教諭も「抱え込みからの脱却」が可能になったのではないだろうか。父親と協力してA子の問題解決に向けて取り組めたこともよい結果となった。

3．事例（2）　衝動性が高く暴力的なB男への支援

> B男は活発で外遊びが大好きな小学4年生の男の子。両親の養育能力の低さと経済的困窮から保護の対象となった児童で，3歳から当施設に入所している。幼児のころから衝動性が高く，周囲の友達ともトラブルになることが多い。感情のコントロールが苦手で，カッとなるとすぐに手が出てしまう。小学校入学の際に児童相談所で行った心理判定では知的レベルは境界域（ボーダーライン）で，その衝動性の高さから発達障害の可能性も示唆されている。
>
> 学校でも友だちとのトラブルが多く，施設職員が学校により出されることが何度もあった。B男には暴力的なところがあり，友達とのトラブルの際に手を出して相手を傷つけてしまうことがある。施設職員が親代わりとして友達の家までB男と一緒に謝罪しに行くこともしばしばあった。
>
> 小学3年生まではトラブルを数多く起こしながらもなんとかやってこれていた。しかし，小学4年生になりさらに学校でのトラブルが増え，友だちだけではなく担任教諭に対しても暴力や暴言が出てくるようになる。
>
> ある日の休み時間に友だちと遊んでいる際，相手からからかわれたことに怒り，友だちを教室中追いかけ回し，足を掛けて転ばせけがをさせてしまうことがあった。その時にも担任教諭から厳しく指導を受けるが，B男は「なんで僕だけ怒られるの」と怒って

暴れだし，制止しようとした担任教諭にも暴言を吐いて手を出してしまう。その後Ｂ男は教室から飛び出し，いじけて廊下でうずくまって泣いていた。学校に呼び出されていった施設職員が対応し，なんとか気持ちを切り替えて授業に戻ることができた。

　Ｂ男の問題行動について担任教諭からも話を聞くが，教室内で周りの子を傷つけてしまいそうな行動が多く，どうしても厳しく指導をしてしまうことが多くなってしまう。また，指導をした際にもＢ男が反発した態度を示すようになり，指導が長引いてしまうという悩みを抱えている様子だった。

　Ｂ男は学力が低く，学年が上がり授業の内容がむずかしくなってきたことも重なり，授業に対するやる気もみられなくなっている。授業中に机に突っ伏して寝ている姿や問題が解けずイライラした様子が毎日のようにみられるようになっていた。本児の苦手な算数は少人数編成のクラスで学んでいるが，それでも授業の内容についていくのがやっとといったところ。宿題に関しても，学年を増すごとに負担が増え，施設に帰ってきてからも宿題に追われてイライラした様子をみせることが増えた。

　しだいにクラスメイトもＢ男のことを「怖い」と思う子が出てきてしまい，もともと友だちづきあいがじょうずではないこともあって，クラスのなかでも浮いた存在になり始めてしまう。Ｂ男もクラスでの自分の状況を察してか，しだいに登校しぶりをみせるようになってしまう。

4．事例(2)のコメント

　事例(1)のＡ子と同様に学習サポートとして施設職員が午前中の間，学校まで同行しＢ男のサポートを行うことから始めた。施設職員がサポートにつくことで授業に取り組む姿勢は改善されたが，休み時間等のクラスメイトとのトラブルが減ることはなかった。ふたたびＢ男がクラスメイトとのトラブルから手を出してしまい担任教諭に指導を受けるが，暴言を吐いて反発することがあった。その時のＢ男の怒りはなかなか治まらず，その後の体育の授業では体育館の隅でいじけ，授業に参加できなかった。事情を担任教諭から聞いた施設職員がＢ男の気持ちに寄り添って話を聴いても怒りが収まることがなかった。そこで，Ｂ男の気持ちを切り替えるために休み時間に校庭へ誘い，施設職員と一緒に校庭を全力で走ってイライラの解消を手伝った。もともと感情のコントロールが苦手な子であったが，身体を動かすのが好きだったこともあり，走った後はスッキリとした顔で授業に戻ることができた。

その後もＢ男の問題行動が治まることはなく，施設内でケース会議を行うこととなる。Ｂ男の課題は学校での暴力的な行動の改善であり，学習サポートでＢ男の学校での様子を把握している施設職員からさまざまな意見を出してもらい支援内容を検討した。そこでＢ男の感情のコントロールの問題がまず初めにあげられた。怒りがこみ上げた際，周囲に止める大人がいないと，人や物に当たり散らしてしまうことから，Ｂ男が自分でイライラを発散する方法を学ぶ必要がある。
　また，周囲とのトラブルが多く，学校でも施設でも指導を受けることが多いためほめられたり認められたりする経験が少ないのではないかという意見も出る。指導を受けた際の「なんで僕ばっかり怒られるの」という発言からも，Ｂ男がふだんから叱られることに対し不満感をもっていることがわかる。
　Ｂ男への支援として，以下の取り組みを行うこととなる。
　①引き続き学校での学習サポートを行いながら，クラスメイトとのかかわり方をアドバイスしていく。
　②Ｂ男の感情が高まった際にイライラを自分で解消する方法を教えていく。
　③ほめられる機会や認められる機会を増やし，Ｂ男に自尊感情をもってもらうと共に担任教諭や施設職員との関係を強化する。
　そこで，外在化技法[1]を使った「イライラ虫退治」をＢ男と共に取り組んでいくことになった。イライラ虫退治とは，イライラが抑えられず暴力的な行動をとってしまうＢ男の抱える問題をイライラ虫という擬人化した虫の仕業として外在化し，Ｂ男の内面から問題を切り離すことである。「Ｂ男がイライラして暴力的な行動をとってしまうのはイライラ虫のせいだ」として，絵に描いたイライラ虫を職員と一緒に叩いて退治することでＢ男が抱える問題に共闘して立ち向かうアプローチの仕方である。
　Ｂ男とは学校で人や物に当たってしまった時には施設に帰ってきてから施設職員と一緒にイライラ虫退治を行い，それでもスッキリしなければ園庭を一緒に走ることでイライラの解消をするようにした。
　また，ほめられる機会にもつなげられるようにトークンエコノミー法[2]を活用し，学校で人や物に当たらなかった日にはイライラ虫に勝ったご褒美として「イライラ虫退治カード」にシールを1枚貼るようにした。シールを集めてカードを掲示することで，Ｂ男のがんばりが周囲の目にもはっきりとわかるようにし，ほめられたり認められたりする機会となる。

支援の経過として，B男は「イライラ虫退治」に興味を示し，意欲的に取り組んでいた。シールも順調に集まり，ほめられる機会が増えて施設職員との関係も深まった。学校で暴れてしまった日も施設に帰ってきて指導を受けるだけでなく，溜まったイライラを解消させるため，職員と一緒に園庭を走って汗を流した。

　しかし，いざ感情が高まった際に衝動的に行動してしまうところは直らずクラスメイトに手を出してしまうことはその後も続いた。学習サポートは年度末まで続け，B男が学校で暴れて指導を受ける際も担任教諭と連携し，施設職員がB男の気持ちに寄り添い続けた。

　本事例のポイントは，B男の問題行動に対する支援体制の確立であった。施設内でのケース会議で，B男の学校での情報を集め，支援の内容を検討する。B男が学校で暴れてしまった際の対応の仕方も検討し，一貫した支援を行うことができた。しかし，B男と担任教諭との関係性の調整が十分ではなく，その後も担任教諭への反発は続いたまま年度が変わってしまったのは残念に思える。担任教諭に対しての支援も，視野に入れていく必要があったのではないかと感じる。

第3節　おわりに

　今回の事例を通して，施設のソーシャルワーカーの視点で教育現場の現状に触れることができ，学校における施設児童への支援の必要性を改めて実感した。また，その他の生徒のなかにもソーシャルワーカーの支援が必要ないわゆる「気になる児童」はまだまだいるように感じた。施設と学校，福祉と教育は分野が違うのかもしれない。しかし，互いの協働無くして複雑になってきている社会や人間関係の中で育つ児童の支援はむずかしいのではないか。協働の足がかりとしてのスクールソーシャルワーカー配置の拡充に期待しつつも，施設のソーシャルワーカーとしてもできることを模索し続けていきたい。

注
1）要支援児童が内部に抱える問題を外部に位置づけることで，その問題を当該児童から切り離す技法。
2）目標とする行動をした場合，トークン（代用貨幣）という報酬を与え，その行動を強化する行動療法の技法。

第3部

学校における
ソーシャルワークの展開

　第3部では，近年，日本で関心の高まりつつある学校現場におけるソーシャルワーク実践を取り上げた。これまで「児童福祉」領域であまり意識されてこなかった学齢児のソーシャルワークについて，スクールソーシャルワーカーの支援事例をもとに考察した。
　スクールソーシャルワーカーの多様な実践は，「福祉」か「教育」かのどちらかでなく，どちらも必要とされている学校現場での状況を明らかにしている。

小学校における不登校児童へのスクールソーシャルワーカーの支援

第1節　小学校における不登校問題の概要

1．小学校での不登校の現状

　近年，社会や生活様式の変化にともない，児童虐待や非行，貧困などの問題は，特別な家庭や障害をもった子どもだけでなく，どの子どもにもふりかかる問題となった。しかし，これらの問題は，子どもの問題として表面化する時に「不登校」という現象として現れることが多い。

　文部科学省の定義によると，不登校とは年間30日以上欠席した長期欠席者のうち，「病気」や「経済的理由」を除く，「何らかの心理的，情緒的，身体的，あるいは社会的要因・背景により，児童生徒が登校しないあるいはしたくともできない状況にある者」（文部科学省，2010）をさす。この不登校は，1990年代までは受験のストレスなどによるこころの問題としてとらえられてきた。しかし，最近では親の失業や病気，DVなど，家庭の要因が大きく影響しているといわれるようになった（香川，2012）。つまり，子どもの力だけではどうにもできない問題によって，自分を守るための行動として現れる不登校が増加しているのである。

　文部科学省の調査をみてみると，1988年以降の不登校児童数は横ばい状態であり，その割合は小学校で0.39％（255人に1人），中学校で2.76％（36人に1人）となっている（文部科学省，2016）。しかし，前年度から継続して不登校となっている児童生徒数は，学年が上がるごとに増加しており，不登校になった子どもたちは何年も継続して不登校状態にあることがわかる。さらにそのきっかけをみてみると，小学校の場合もっとも多いものは「不安など情緒的混乱」（36.1％）であり，「無気力」（23.0％），「親子関係をめぐる問題」（19.1％）と続く。このことは，小学校という学校の特性だけでなく，この時期の子どもたちの発達なども

影響していると考えられる。つまり小学校の場合，学校という集団生活や学校文化への移行に適応できるか，そして，学校生活や，低学年から高学年になるにつれての身体的な発達などの課題を乗り越えられるかどうかが，不登校を防ぐうえで重要なポイントになるのである。

2. スクールソーシャルワーカーに期待される不登校への支援

　これらの課題をふまえ不登校の予防や早期支援を考えると，小学校ではまず学校内の教員との信頼関係の構築が重要となる。つまり，家庭で子どもを支えてくれた保護者に代わって，学校の自分を認め，支えてくれる存在をつくるのである。とくに小学校の場合，中学校と違い一人の担任がすべての授業を行うため，その関係性は大切である。親のように信頼できる存在をつくることで，学校への適応が容易になり，トラブルが起こった場合の対応も可能となる。また，この時期の子どもの能力をふまえると，非言語コミュニケーションも重要になる。なぜなら，不登校はさまざまな要因が絡みあっているため，子ども自身もその理由を十分理解できていないことが多く，また，もし理由がわかっていたとしても，それを言語化して説明することは困難だからである。そのため，子どもの言葉だけでなく，表情，行動など，さまざまなサインから不安や困っていることに気づき，不登校の要因を想定して支援することが必要となる。

　現在，多くの自治体がこうした不登校対応としてスクールソーシャルワーカーを配置している。そこに期待されているのは，不登校の背景にある生活要因の発見と働きかけである。具体的には，校内支援体制を構築し，複数の視点から問題状況を理解するアセスメントや関係機関へのつなぎが期待されている。特に，小学校での支援に着目した場合，①子どもや家族と教員をつなぐ役割や②子どもの代弁者としての役割を果たしていくことが求められる。少し説明を加えると，①は学校内で子どもが信頼できる大人をつくれるように安心できる環境づくりを教員と行っていくことであり，②は，忙しく多くの子どもとかかわらなければならない教員に替わって，子どもの発するサインをみつけ，伝えていくことだといえるだろう。

　そこで，不登校の要因となる児童虐待や障がいなどの個々の問題への具体的な支援については他の章にゆずるとして，ここからはスクールソーシャルワーカーの支援事例のうちこれらの役割を意識した支援をとりあげて紹介することにする。

第2節　事例から

1．朝起きられない小学5年生サチコの支援事例

　サチコ（仮名）は小学校5年生で，7月ごろから学校を休む日がふえ始めた。休み始めた数日は，「しんどい」などの体調不良を訴えていたが，夏休み明けから朝起きることができず，ほとんど登校できなくなってしまった。

　サチコは母親と高校生の兄と3人で暮らしているが，母親は仕事，兄は部活のため朝早く家を出なければならず，サチコの朝の準備を手伝うことができない状況であった。心配になった担任は，母親を呼び出し詳しく話を聞いた。すると，サチコは朝どんなに声をかけ，体をゆすっても起きないほど深く眠っており，お昼近くにならないと起きてこないという。この話を担任から聞いた校長は，サチコの睡眠障害の可能性を考え，受診の必要性を訴えた。そこで担任から母親へ医療機関の受診をすすめたが，母親が受診をしぶったために，医療機関へはつながらなかった。また，母親は学校に協力的であるが，兄が中学生の時に不登校だったこともあり，サチコの状況を深刻に捉えていないようであった。

　担任と教頭は交代で毎日家庭訪問を続けたが，10月に入りしだいにサチコと会えることが少なくなっていった。そこで学校は，「このままでは埒が明かないので支援して欲しい。」とスクールソーシャルワーカーの派遣依頼をしたのである。

　依頼を受けたスクールソーシャルワーカーは，まず学校へ行き，校長，教頭，担任からサチコの様子，母親と話し合った内容を確認した。しかし，サチコが登校できない理由や家での様子ははっきりしない状況であった。そこでスクールソーシャルワーカーは，まずサチコ本人の状況や気持ちを確認する必要があると考え，サチコと話をすることからはじめることにした。

　面談は母親を通じてサチコの希望を確認し月1～2回，夕方から学校の体育館で行われる兄のバスケットボールチームの練習中に実施することになった。そして，面談をはじめて3か月を過ぎた頃，サチコから①勉強したいという気持ち，②家庭科や課外活動など少人数の活動への参加意欲，③中学校から登校するという意思，を話すようになった。そして，現状の問題として，1）不規則な生活リズムによる昼夜逆転，2）授業内容などクラスに関する情報不足，3）クラスメイトとの関係の希薄化，があることもわかった。

　スクールソーシャルワーカーは校内ケース会議のなかでサチコの気持ちや状況を教員と共有し，サチコへの学習と中学進学にむけた生活リズムの改善を目標に支援すること

にした。具体的には，担任からサチコへの宿題と週1回30分程度の個別指導，養護教諭から母親への中学校進学についての面談，教頭や校長から中学校への引継ぎ会議の実施を行った。また，スクールソーシャルワーカーはサチコや母親との面談を継続しながら，その変化や中学進学に向けた動機づけを行っていった（なお，支援経過をまとめると表14-1のようになる）。

そして中学校入学後，支援を引き継いだ中学校の担任や養護教諭の支えもあり，サチコは休み明けの欠席があるものの登校できるようになった。

表14-1　スクールソーシャルワーカーの支援概要

5年生 10月中旬	・校内ケース会議（校長，教頭，担任，養護教諭，スクールソーシャルワーカー）
10月〜12月	・学校訪問（関係教員からの聞き取り，教室観察） ・母親との面談（月1〜2回） ・教頭と家庭訪問（3回行ったが，サチコに会えず）
1月下旬	・母親との面談（サチコへの手紙，話せる機会の相談） ・学校行事の観察（1日だけサチコが参加，初対面）
2月〜3月	・サチコとの面談（月1〜2回，夕方から）
6年生　5月中旬	・校内ケース会議（校長，教頭，5年担任，6年担任，養護教諭，スクールソーシャルワーカー） ・サチコとの面談再開（月1〜2回）
6月上旬	・学習支援の開始（週1回，担任） ・サチコとの面談（月1〜2回）
7月〜11月	・校内ケース会議（校長，教頭，6年担任，養護教諭，スクールソーシャルワーカー） ・学習支援（担任，教頭） ・サチコとの面談（支援の振り返り，スクールソーシャルワーカー） ・母親との面談（担任，養護教諭）
12月上旬	・校内ケース会議（校長，教頭，6年担任，養護教諭，スクールソーシャルワーカー） ・中学校との情報共有（校長，教頭⇒中学校校長，養護教諭）
2月中旬	・サチコと中学校見学（教頭，養護教諭） ・学習支援（担任，教頭） ・サチコとの面談（支援の振り返り，スクールソーシャルワーカー）
3月上旬	・中学校との情報共有（校長，担任） ・サチコとの面談（支援評価，スクールソーシャルワーカー引き継ぎ）

2．事例へのコメント

【支援前半】

本事例では，学校でサチコのような不登校の子どもたちに対して，担任を中心としながら，教頭や養護教諭と協力して支援する雰囲気ができていた。しかしな

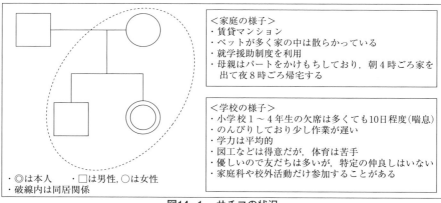

図14-1　サチコの状況

がら，個別ケース会議の機会がなかったため，かかわる教員がもっている情報が十分に共有されてこなかった。サチコの情報についても，教頭や養護教諭はサチコの家での様子や母親からの情報をそれぞれがもっていたにもかかわらず共有されてこなかった。その結果，睡眠障害や兄の影響，本人の性格（怠け，自分勝手），友人関係など，校長，教頭，担任，養護教諭それぞれが異なる欠席理由を想定しながら介入していた。そのためスクールソーシャルワーカーは，2週間に1回程度，定期的に学校を訪問して各教員から情報収集を行い，図14-1のように情報を整理していった。

このように整理するなかで，不登校になってからのサチコの生活状況を確認できていないことが明らかになった。また，学校の教員たちは一生懸命の登校刺激（毎朝の電話とお迎え）を行っていたが，状況が変わらないことで負担感や苛立ちを抱えていた。そこでスクールソーシャルワーカーは，以下の点を確認する必要があると考えた。

① 欠席中のサチコの生活状況
② サチコと母親の思いや希望
③ 睡眠障害でなく生活リズムの乱れの可能性
④ これまでの支援状況と変化

しかし，①〜③については家庭訪問をしてもサチコに会えなくなっていることや母親の勤務時間の関係もあり，担任を通じて確認することが困難であった。ま

た最近の母親は，担任から「ちゃんと朝起こしてあげてください」といわれたため，学校にきても職員室を避けるようになっていた。そのため，スクールソーシャルワーカーはこの時点で次のような支援計画をたてたのである。
1) 母親とつながっている養護教諭とともに母親と面談し，関係構築とニーズ把握を行う
2) 担任や母親と情報を共有し，サチコの不登校状況を理解する
3) 医療機関受診をすすめる根拠として，サチコの欠席が増えはじめた頃からの状況を担任と整理する

【支援後半】
　この計画に基づきスクールソーシャルワーカーは，養護教諭を通じて母親へ紹介してもらい，母親との面談を開始した。面談を重ね，母親から「サチコは学校を休んでも，夕方には近所の子どもと一緒に遊んだり，私と買い物にも行っている。まわりの子もサチコと会った時には『明日，家庭科あるからおいでよ』と声をかけてくれるのでとてもありがたい」とサチコの最近の様子を聞くことができた。また，母親自身の思いとして「兄も中学校から不登校だった。その時は無理に学校に行かせると，学校を抜け出して行方がわからず本当に困った。職場まで電話がかかってきて，早めに帰らせてもらったりもした。無理に行かせてそんなになるくらいなら，サチコのように家にいてくれた方が安心する。」と語った。
　スクールソーシャルワーカーは母親の不登校の兄を支えてきた強みを認めたうえで，兄とサチコの不登校に違いがあることを伝えた。そして，サチコ自身がどうしたいと思っているのかを確認したいと，サチコと会うことの許可を得た。スクールソーシャルワーカーはサチコと会う前に母親を通じてサチコに自己紹介を書いた手紙を渡してもらった。サチコからは「兄の参加しているバスケットチームの練習のときなら，ヒマなので会ってもいい」という返事がきたので，体育館で面談することに決まった。
　スクールソーシャルワーカーはサチコと一緒に練習を見学しながら，最近あった出来事や家での過ごし方，友だちのことなどを話した。その話のなかで，サチコは家で母親が寝た後も，兄と一緒にゲームをしたりDVDをみたりして昼夜逆転の生活をしていること，友だちはいるが一番仲良しだった友だちが転校してしまい楽しくないと思っていること，などがわかった。また，学校に行けない理由については，困ったような顔で「わからないけど，最近，何となく行きたくない

し，行きたいとも思わない」とこたえた。

　その一方で，勉強については嫌いではなく，体育館で会う小さい子どもたちに勉強を教えるのが楽しいと話してくれた。そして，中学校からは近所の子どもが小学校にあがってくるので，送り迎えをしながら一緒に登校したいと思っていることもわかった。しかし，学校を休むようになってから新しい勉強がわからなくなったため，中学では勉強についていけないかもしれないと心配していた。

　そこでスクールソーシャルワーカーは，サチコの「中学校から登校したい」という希望を長期目標として設定することにし，サチコの勉強したい気持ちを活かせる支援として次のような計画を立てた。

1) サチコの意欲や学力に応じた学習支援（担任）
2) サチコの中学進学に対する動機づけと不安軽減のための情報提供（スクールソーシャルワーカー，担任，教頭）
3) 中学校での居場所やキーパーソンの確保（校長，教頭）
4) 1)～3) の実施に向けたサチコの気持ちの確認と代弁（スクールソーシャルワーカー）
5) 母親のエンパワメント（養護教諭）

第3節　小学校での不登校支援のポイント

1. 子どもの取り組みやすい問題への支援から始める

　本事例では最終的に小学校在籍中に登校を再開することはできなかった。しかし，家庭訪問を行っても会えなかった状況から，定期的に担任と学習できるようになるなど，スクールソーシャルワーカーの支援は問題状況の改善につながったと考えている。具体的には，担任との学習の定着やサチコ自身の睡眠時間改善の意識，母親からサチコへの朝の声かけがみられるようになったのである。

　こうした状況改善のポイントの1つに，支援目標を登校に絞らず，サチコ自身の「勉強がしたい」「中学校からは行きたい」という希望に対する支援を行ったことがあると考えられる。今回のような事例の場合，学校では登校支援が前提であり，とにかく保健室や校門まで来るといった目標を掲げることが多い。不登校の要因に目を向けたとしても，生活リズムの改善や友人との関係の問題に着目す

ることがほとんどかと思われる。しかし，これらはサチコや母親が教員からずっと指摘されてきた問題であり，これまでなんとかしようとしながらも解決できなかった問題でもある。そしてその経験は，母親が担任を避け，サチコが小学校で楽しく過ごすことをあきらめた現在の状況につながってしまった。つまり，サチコにはこの時点で問題に取り組むエネルギーが残っていないのである。このような状況のなかで登校するように叱咤激励しても，失敗経験を重ねるだけであり，学校とサチコの溝を深めてしまうだけである。

そのため，本事例のように，まずは子ども本人が取り組みたいと思っている問題の解決をめざすことも有効である。子どもの希望を支援することは，子ども自身の取り組みにつながりやすい。そして，子ども自身が取り組めた，できたと思える成功体験を少しずつ積み重ねることで自信を取り戻し，次の問題に取り組むためのエネルギーを蓄えるのである。サチコの場合は，勉強ができるようになることで中学校の授業を受ける楽しみにつながり，そこから登校するための起床時間を改善する取り組みにつながった。つまり，子どもにとってハードルの低く，意欲をもてる課題から取り組むことで，硬直した問題状況を少しずつ変化させることができるのである。

2．教員の負担に対する支援

本事例におけるもう1つのポイントは，教員の負担感へ着目して支援を行ったことである。スクールソーシャルワーカー介入時，担任は家庭科など好きな授業にだけ参加するサチコに対して「しんどいことをやろうとしない怠け」と認識していた。また，不登校が長期化し，他の教員からも「もっと母親にしっかりして欲しい」「5年生だから，そろそろ自分で朝起きて準備くらいできるはずなのに」という発言もみられていた。

このような発言の背景には，毎日電話や家庭訪問をしているにもかかわらず，状況が変化しないことへの無力感や苛立ちがあると考える。つまり，「こんなに一生懸命指導しているのに改善しないのは，本人や家族のせいだ」という気持ちが生じるのである。そしてそれは，担任や教頭の負担感の現れでもある。

教員がこのような感情をもったままでは，どんなに支援しても子どもや家族の学校生活はうまくいかない。そのため，まずは教員が余裕をもてるような支援内容を考えなければならない。一般的なスクールソーシャルワーカーの支援として

は，学校の支援体制についてのコンサルテーションや教員への相談援助があげられる。本事例では，サチコの支援に校長や養護教諭にも役割をもってもらい，負担を分散できるような支援体制づくりを意識していた。また，今回の支援では行っていないが，場合によって校内のスクールカウンセラーや支援員，地域の適応指導教室，保健師など，学校内外にわたる支援体制を構築することも考えられる。

　他にも，教員の無力感に対する支援としては，ケース会議のなかでサチコの小さな変化や意欲を教員の取り組みと関連づけてフィードバックし，状況が改善していることを伝えていった。その結果，継続的に学習支援に来られていることや，毎回宿題をやってくることなどから，サチコが「がんばっている」と理解されるようになった。とくにサチコの勉強する姿をみた担任は，宿題へコメントを入れたり学習支援の教科を増やすなど，支援のモチベーションがあがっていた。そして，それは結果としてサチコと担任の良好な関係構築にもつながっていた。このように，不登校支援では子ども本人だけでなく，問題を抱えた子どもと日々向き合っている教員を支援するといったメゾレベルの取り組みも同時に必要なのである。

第4節　おわりに

　本事例における不登校の支援では①子どもの希望への支援，②教員の負担を軽減する支援体制，の大きく2つのポイントを示してきた。しかし，実際にはこれ以外にも，子どもの状況に応じた柔軟な支援が求められる。なぜなら，不登校は子どもによってその要因や欠席状況，希望する解決のかたちが異なるからである。たとえば，再登校，転校，別室登校をめざすこともあるし，地域の居場所へつなぐこともあるだろう。しかし，どのような支援を行うにしても，スクールソーシャルワーカーには子どもの発するさまざまなサインを感じ取り，子どもの置かれた状況を理解したうえで教員と共に支援に取りくむという意識が必要となるだろう。

第15章 中学校における不登校児童へのスクールソーシャルワーカーの支援

第1節 子どもの状況とスクールソーシャルワーカーの役割

1. 子どもが感じる困難さ

　不登校の子どもの数は，図15-1をみればわかるように，近年は微増減を繰り返しているが，この20年ほどで1.5倍以上に増加している。なかでも注目すべきは，中学生の不登校の子どもの多さである。2014（平成26）年度の「児童生徒の問題行動等生徒指導上の諸問題に関する調査」によると，不登校の子どもの割合は，小学生が0.39％であるのに対して，中学生は2.76％であり，小学生の約7倍という数値が示されている。特に，中学1年生の不登校の子どもの数は，小学6年生の3倍近くであり，小学校から中学校への移行のなかで学習や生活の状況の違いに戸惑いを感じる子どもの多さを表している。

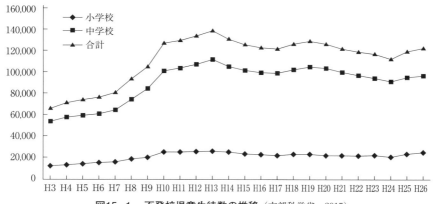

図15-1　不登校児童生徒数の推移（文部科学省，2015）

ここで，同調査で出された不登校のきっかけになったと考えられる状況について，中学生に特化してみてみると，「不安など情緒的混乱」（28.1％），「無気力」（26.7％），「いじめを除く友人関係をめぐる問題」（15.4％）が上位を占めている。この調査結果にも現れているが，不登校の子どもたちとかかわっていると，対人関係への不安や困難さを抱えた子どもが多いように感じる。なかには，大人と話すことはできるが，同年代の子どもとかかわることに緊張や不安を感じる子どももいる。

　また，不登校が継続することで，それまであった友人関係が徐々に希薄になり，周囲とのつながりが絶たれてくることも多い。表15-1をみると，前年度から不登校が継続している子どもは，中学2年生で約半数，中学3年生では6割を超えていることがわかる。つまり，中学生では，長期にわたって同級生や教師との日常的なかかわりのない子どもが多いと推測できる。このような状況から，他者と関係を築く場面が制限され，人との関係構築に，より困難さを感じる子どもが出てくると考えられるのである。

　そして，こうした不登校という状態や対人関係の困難さから，自分はダメな人間だと感じるなど，自己肯定感の低い子どもも多い。彼・彼女らの多くに共通するのは，学校に行けない原因を自分の弱さや力のなさに見いだしていることである。次項で述べるように，実際には，さまざまな背景から不登校という状態にある子どもがたくさんいる。しかし，その渦中にいる子どもにとっては，まわりの子どもたちが当たり前のように登校しているなかで，自分だけがそれをできない人間だと感じるため，自分に対する否定的な見方が強くなる。

　このような対人関係への不安や自己肯定感の低い子どもとのかかわりで，最もたいせつなことは，子どもにとって安心できる存在になることと考えている。そしてそのためには，子どもの想いを傾聴し，あるがままの姿を受容する姿勢が必要である。同時に，子どもの弱さやできないことに着目するのではなく，よさや強みといったストレングスの視点から子どもをとらえることが重要となる。たと

表15-1　不登校の状態が前年度から継続している児童生徒数（中学校，国立・公立・私立合計）（文部科学省，2015）

区　分	1年生	2年生	3年生	計
（A）平成26年度不登校生徒数（人）	23,960	34,834	38,242	97,036
（B）うち25年度から継続（人）	6,694	17,221	24,193	48,108
比率（B/A×100）（％）	27.9	49.4	63.3	49.6

えば，学校に行きたい想いはあるが登校できない子どもに対して，「登校できない」ではなく，「学校に行きたい想いがある」点に目を向けることで，いまの状況を変化させたい子どもの想いや力に寄り添った支援が展開できる。また，よさや強みを言語化して子どもに伝えていくかかわりも重要となるだろう。それにより，子どもが自分のよさに目を向け，自らを認めたり，自己肯定感を高めたりすることにつながっていくのである。

2．子どもを取り巻く複雑な環境

　こうした子どもの抱えるしんどさとあわせて，近年では，子どもや家庭を取り巻く状況から，不登校の背景や要因が多様化・複雑化してきたといわれている（国立教育政策研究所生徒指導研究センター，2004年）。実際に，不登校の子どもが置かれた環境に目を向けると，実にさまざまな困難さが絡み合っている。たとえば，貧困など経済的に不安定な状況や安全・安心とはいいがたい家庭内の生活環境，親が精神疾患や疾病を抱えている場合，家庭生活や学校生活のなかでの対人関係などである。

　具体的に，まず貧困の問題をみていくと，内閣府の報告では，2012年に子どもの相対的貧困率が16.3%に達した。さらにひとり親世帯に関しては，相対的貧困率が54.6%であり，より貧困問題が深刻といえる（内閣府，2015）。もちろん，貧困が不登校に直結するわけではない。しかし，貧困家庭では，親が生計維持のために夜遅くまで働かなければならず，特にひとり親家庭では，十分に家事や育児に手が回らないことがある。あるいは，親が疾病などの理由で働くことができない場合，貧困に陥る可能性とともに，家事・育児の困難さもある。こうした家庭では，生活そのものを維持していくことのむずかしさを抱えているのである。

　また，親の養育放棄（ネグレクト）により生活習慣が身につかず，生活リズムが乱れて登校が困難になるケースが増えていることも指摘されている（門田ら，2010年）。生活習慣という点では，食事や入浴，洗濯など，子どもの生活にとって不可欠な要素が満足に行われておらず，それを子どもが当たり前の生活と認識している場合もある。しかし，思春期を迎え，徐々にまわりの子どもたちとの違いを知るうちに，その違いにしんどさを感じる子どもも存在する。

　このように，不登校の子どもの家庭環境に着目すると，非常に複雑な生活状況が露になることがある。そして，そうした多様な要因の相互作用によって，子ど

もの登校を困難にする状況が生じてくる。しかし，家庭内の出来事であるため，学校や周囲からはみえづらく，その全体像が把握されていないことも多い。また，不登校の子どもの多くが日常生活を過ごすのは家庭であるが，そこは，学校がなかなか立ち入ることのできない領域である。こうした学校や教師による介入が困難な家庭という場に入り，子どもの生活を支援していく必要性から，不登校の子どもの支援に対するスクールソーシャルワーカーへの期待が高まってきたのである（山下ら，2012年）。

スクールソーシャルワーカーの専門性は，友人関係や家族関係，家庭環境，学校や地域の状況など，環境との相互作用のなかで生じた子どもの生活のしづらさに着目し，そこに介入していくことである。つまり，スクールソーシャルワーカーには，さまざまなことがらが絡まり合った子どもの生活全体を見渡し，不登校の子どもの置かれた状況を的確にアセスメントすることが求められる。そして，その状況を改善していくために，家庭環境や友人関係，学校など，環境に対するはたらきかけを行っていくことが，スクールソーシャルワーカーの役割として期待されている。

3．空間と時間のなかでのつながり形成

また，スクールソーシャルワーカーによる不登校の子どもに対する支援の課題のひとつには，子どもが歩むなかで必要となる社会的な関係性を結んでいけるような環境づくりがあげられている（山下ら，2012年）。たとえば，同級生とかかわることに困難さを感じる子どもであれば，まわりの子どもに理解を求めていくことや，子どもが人と交流するうえで一番安心できる場を準備することなどが考えられる。また，学校内にかぎらず，地域で不登校の子どもが過ごす場を開拓し，子どもが社会とつながるきっかけづくりをしていくことも，社会的な関係性を結ぶ環境づくりのひとつであろう。

加えて，子どもにとって最も身近なかかわりである家族との関係性を調整していくことも重要である。すでに述べてきたように，不登校の子どものなかには，生活環境が整っておらず，日常生活のなかで親との密なかかわりが不足している子どもがいる。あるいは，不登校という状況への負い目などから，家族に素直な気持ちを語ることができない子どももいる。こうしたなかで，スクールソーシャルワーカーには，子どもと家族の関係を媒介していく役割が求められる。とくに

そこでは，子どもの視点にたち，必要に応じて子どもの代弁者となりながら，家族が子どもの想いを理解できるようにはたらきかけていくのである。

このように，子どもと家族や社会とのつながりを形成していくとともに，多様な生活課題を抱えた家庭の支援においては，地域の福祉事務所や児童相談所，保健所，病院など，さまざまな機関どうしのつながりや連携が必要となる。なかには，貧困家庭の支援や養育支援，親の疾病に対する医療など，すでに複数の機関が家族の支援に携わっていることもあるだろう。しかし，学校とそれらの機関がつながっておらず，ばらばらに家庭へのはたらきかけが行われていることも多い。そのため，それぞれの機関からみえている情報を集約し，家族全体の状況を把握するとともに，各機関の役割と強みを活かして子どもや家族の支援を行っていくことが不可欠である。スクールソーシャルワーカーには，こうした関係機関との連携の担い手としての役割も期待されている。

そして，もうひとつの重要なつながりは，小学校から中学校，そして卒業後という時間軸のなかでの支援の連続性である。本章の最初に示した通り，小学6年生から中学1年生にかけて，不登校の子どもは急増している。そのため，小学校から中学校への引き継ぎなど，小中連携の重要性が指摘されている。そのなかでスクールソーシャルワーカーは，不登校や登校の困難さがある子どもの情報を把握し，必要に応じて登校の練習や子どもが落ち着く場づくりなど，学校と連携した受け入れ態勢や支援体制の整備を検討することが重要となる。

また，中学校卒業後に，子どもたちが安心して次の場所へとつながっていくことができるような準備やはたらきかけも不可欠である。なかには，進路が決まらないまま卒業を迎える子どももいる。そうした子どもが何か行動したいと思った時に，それを支援し，家族を支えることのできる機関とのつながりを形成しておくことが，途切れのない子どもの支援に結びつくのである。近年では，若者サポートステーションなどの支援機関も存在するため，こうした機関と連携し，卒業後の支援へのつながりを形成していく必要があるだろう。

このように，不登校の子どもを支援するスクールソーシャルワーカーには，子どもと家族や社会とのつながりを築くとともに，専門職や関係機関の連携や支援体制を構築し，さらには小学校から中学校卒業後までの時間の流れのなかでのつながりを形成していく役割が求められている。

第2節 事例から

1. 事例　登校への不安が強いカナの家庭を含めた支援

　カナ（中学2年）は、母親（33歳）、弟（小学3年）と、中学校から徒歩30分ほどの公営住宅で生活をしている。中学2年の夏休み明け、カナが突然登校しなくなり、担任の家庭訪問にも応じないため、中学校からスクールソーシャルワーカーに依頼がきた。担任から母親に連絡し、スクールソーシャルワーカーの家庭訪問について本人の了解を得たが、居室内に入ることを母親が拒否したため、玄関先で面会することにした。

　最初は言葉を発さずうつむきがちなカナだったが、週1回の家庭訪問を重ね、カナの好きなアイドルや漫画の話をするなかで、徐々にカナからも話をするようになった。ある日カナは、「前から学校に行くのはしんどかったけど、なんとか登校していた。でも2学期の始業式の日に、学校に入ることができなくなった。私は弱い人間だから。それに学校に行けていないから先生にも会いづらい」と語った。スクールソーシャルワーカーは、しんどいなかでよくがんばって登校してきたことを伝え、その後もカナの想いをじっくり聴いた。あわせて、家庭訪問では、絵が得意なカナに絵の作成をお願いしたり、絵画をとおしたかかわりを行ったりした。

　家庭訪問をするなかで、悪臭や玄関にたまったゴミ袋を目にし、カナからは「同級生に臭いと言われた。お風呂が壊れていて、時どきしか銭湯に行けないから」との話があった。そのため、同市の子ども家庭支援センターに相談すると、母親の養育支援が必要な家庭であり、カナが幼いころから、地域の保健師が訪問をしているとのことであった。そこで、学校、子ども家庭支援センター、保健師、スクールソーシャルワーカーでケース会議を実施し、カナや家庭の状況を共有した。そのなかで、母親は仕事と家事・育児の両立のむずかしさがあるが、近隣に親戚や頼れる人はいないこと、他人が家のなかに入ることを頑なに拒否することなどがわかった。そしてケース会議では、カナが安心して過ごすことのできる場をつくることと家庭環境の整備を目標に、カナに了解をとって母親に風呂の修理についてはたらきかけること、母親への支援や家庭環境の整備は子ども家庭支援センターと保健師が主に担当し、カナの支援はスクールソーシャルワーカーが中心に展開することを確認した。

　3学期後半になると、カナから「高校は普通科に行きたい」「外に出たい気持ちはあるが、学校に行く自信はない」との想いが語られた。そのため、スクールソーシャルワーカーが適応指導教室の存在を伝え、教室や通室する子どもの様子を話すと、カナは興味

第15章　中学校における不登校児童へのスクールソーシャルワーカーの支援

> を示した。そこで，いっしょに見学に行く約束をし，適応指導教室に連絡をしてカナの情報を事前に伝え，見学の日を迎えた。カナは，最初こそ緊張した表情であったが，先生や子どもの声かけによって笑顔も見られ，終了後には，「ここなら通うことができそう」と語った。
> 　その後，カナは適応指導教室に通い始め，スクールソーシャルワーカーは２週に１回，通室時のカナと面談をして，カナの気持ちや想いについて話をした。適応指導教室にも慣れてきたころ，スクールソーシャルワーカーは，これまで担任と会いたがらなかったカナに，適応指導教室で担任に会ってみることを提案した。カナから「ここでなら先生と会うこともできるかもしれない」との言葉が聞かれたので，学校・適応指導教室と連携して，カナと担任の面談の準備を整えた。そして，カナと担任の面談が実施され，その後も，担任は定期的に適応指導教室でカナとのかかわりをもつようになった。

　本事例は，登校への不安や自信のなさを感じている子どもに対して，関係構築を行うことから子どもが自己肯定感を高めていくことができるかかわりを意識した支援事例である。また，子どもと周囲をつないでいくとともに，関係機関と連携しながら家庭への支援を展開している点が，本事例の特徴である。
　以下，スクールソーシャルワーカーの役割を中心にふり返ってみたい。
　まずカナとのかかわりでは，最初の面会時，初めて出会う人とのかかわりに対するカナのとまどいや不安を感じた。そのため，まずはカナが安心できる関係をめざし，カナの好きなことを話題にあげながら関係構築に努めた。また，「私は弱い人間だから」「学校に行く自信はない」など，カナの自分に対する否定的な見方や自信のなさがうかがえた。そのため，カナががんばってきた事実や得意なことに焦点をあてながら対話をすることで，カナが自分を認めていけるようなはたらきかけを重視した。このように，スクールソーシャルワーカーがカナにとって安心できる存在になることで，カナの想いを引き出しながら，カナが次のステップへ進む土台づくりを行っていった。
　また，スクールソーシャルワーカーは，カナの想いに寄り添いながら，カナと適応指導教室や中学校とをつなぐ役割を果たしている。具体的には，基本的にカナの了解を得ながら，性格や好きなこと，本人の想いなどカナに関する情報を適応指導教室や学校に伝えた。ここでは，カナがスムーズにこれらの場とつながっていくことができるように，媒介者として活動し，カナの社会との関係づくりをめざした。また，適応指導教室がカナにとって居心地のよい場となっていたこと

から，適応指導教室で担任と面談することを提案し，中学校とのつながりの再構築を図った。このように本事例では，本人が安心できる環境を見つけ，面談などの環境設定をしていくことが重要と考えた。

そして，この支援の展開では，カナができるだけ成功体験を積んでいくことができるように，適応指導教室から中学校へと，段階を追って社会とつながっていくことを意識した。このように，不登校の子どもの支援においては，本人ができることを本人といっしょに考え，見極めながらスモールステップで進めていくことが，成功体験の蓄積や自己肯定感の高まりにつながると考えられる。本事例では，その後，普通科に進学したいというカナの想いを大切にしながら，カナと担任がかかわりを深め，別室登校へと結びついていった。

また，カナ自身とのかかわりに加え，本事例ではカナの家庭環境の課題がみられた。こうした家庭は，幼少期の健診などを通して地域の支援機関とつながっている可能性がある。そのため，それらの機関とのネットワークを構築しておくことで，情報をすばやく把握することができる。本事例では，地域の情報を把握している子ども家庭支援センターに確認することで，迅速な対応へとつながった。また，家族全体を支援していくために，関係者で家族の状況や目標を共有するとともに，誰がどのようなかかわりをしていくかなど，役割分担を確認することが重要と考え，ケース会議を開催した。こうした関係者での情報の確認・共有により，母子への連携した支援が可能になるのである。

一方で家庭環境は，それまでの長い時間のなかで培われてきたものであり，簡単に変化することはむずかしい。そのなかで，子どもから語られた希望など，支援のきっかけを探したり，家族が過度な負担なしにできることを考えたりしながら，支援を展開していくことが重要である。今回は，カナが同級生から臭いといわれたことを気にしている点を切り口に，母親へのはたらきかけを試みた。そこでは，スクールソーシャルワーカーから母親にカナの想いを伝えるとともに，子ども家庭支援センターの担当者と同行して，母親に風呂の故障の状況などを聞き，自治体の負担で修繕される範囲であるかどうかを確認した。

最後に，家庭環境の課題がみえてくると，中学校からは，不登校を母親に問題があるせいだとする声が聞こえてきた。そのためスクールソーシャルワーカーは，カナや保健師から聞いた母親の仕事の大変さや苦労を中学校に伝えながら，母親にできることやまわりができるサポートを考えていくことを提案した。このよう

に，家庭環境の課題が明らかになった時，それを問題の原因とするのではなく，母親の立場で，母親とともに行動する姿勢が重要であるだろう。

2．事例のコメント

本事例では，まず子どもにとって安心できる存在となり，本人の前向きな感情を高め，段階を踏んでまわりとつないでいくことが重要であった。また，背景にあった家庭環境の課題から，子どもの代弁者となり，関係機関と連携しながら家族への働きかけを行った。こうした子どもへの直接支援と環境調整の両側面からのアプローチが，カナの生活を支えていくために不可欠であったと考えている。

第3節　おわりに

これまで述べてきたように，不登校には，子どものさまざまな困難さや家庭の状況など，多様な要因が関連していることが多い。特に，子どもの相対的貧困率や就学援助の割合の増加など，厳しい状況に置かれた子どもはますます多くなっている。こうしたなかでスクールソーシャルワーカーは，まず子どもや家族の抱えるしんどさや想いにしっかりと耳を傾けることが重要である。なぜならそこに，状況を変化させるためのヒントやきっかけが存在しているからである。そのうえで，子どものニーズや生活状況を的確に把握し，それを支援にかかわる関係者と共有して支援の計画を立てていくことが，スクールソーシャルワーカーに期待される役割といえるだろう。

第16章 発達障がいのある児童へのスクールソーシャルワーカーの支援

第1節 発達障がいを取り巻く現状

1. 学校現場における発達障がい

　発達障害者支援法（2005）では，発達障がいを「自閉症，アスペルガー症候群その他の広汎性発達障害，学習障害，注意欠陥多動性障害その他これに類する脳機能の障害であってその症状が通常低年齢において発現するものとして政令で定めるもの」（第2条）と定めている。米国精神医学会の精神疾患の診断・統計マニュアル（DSM）や世界保健機構の国際疾病分類（ICD）も改訂されるなか，発達障がいの分類や概念に多少ばらつきはあるものの，支援を要する子どもたちがいる現状に変わりはない。

　2012（平成24）年に発表された文部科学省の調査では，全国の小中学校で，「知的発達に遅れはないものの学習面又は行動面で著しい困難を示すとされた児童生徒」，つまり発達障がいの可能性のある児童生徒が通常学級に6.5%在籍するとの結果が示されている。少子化が進んでいるにもかかわらず，このようないわゆる「グレーゾーン」も含めた特別支援を要する児童生徒数は増加傾向にある。

　その流れに沿うように，近年では個々に応じた指導や支援（特別支援教育）だけではなく，障がいのある者と障がいのない者が可能な限り共に学ぶ仕組み（インクルーシブ教育システム）を構築することが課題とされている。発達障がいを取り巻く環境が大きく変化してきている現状を踏まえつつ，発達障がいのある子どもやその保護者たちを学校や地域でどのように支援していくかは，実践の積み上げと丁寧な議論が待たれるところである。

2. スクールソーシャルワーカーに期待される役割

　発達障がいの支援でスクールソーシャルワーカーに期待される基本的な点をいくつか述べたい。まず第一には，校内におけるチーム支援体制づくりのサポートが挙げられる。具体的には，必要に応じて校内委員会を活用して，特別支援教育コーディネーター，養護教諭，スクールカウンセラー等とともに，自らもチームの一員として担任を支えることである。発達障がいは，対応を誤ると子どもの自己肯定感が低下してさらなる不適応（二次障害）に陥りやすい。教職員間で適切に情報を共有し対応することでこの点は回避しやすくなる。また，第二には，保護者への支援・情報提供である。家庭と学校とでずれのない対応をするためにも，信頼関係を築いておくことが特に大切である。さらに第三には，関係機関等との連携・調整である学校や家庭だけでの対応が困難な場合は，地域や関係機関（医療機関，放課後等児童デイサービス事業所等）と連携して多方面から支援を行うこともある。

　その他にも，発達障がいに関する知識として，特別児童扶養手当や特別支援学級の制度，よく用いられる薬（中枢神経刺激薬，非中枢神経刺激薬等）の特徴等も押さえておくとよいだろう。そして，目の前の課題ばかりに目を向けず，発達の経過を考慮して見立てる視点，何より一人ひとりの個性を尊重してストレングスに着目できる視点を忘れずにいたいものである。スクールソーシャルワーカーとしては，これらの点に留意しつつ，子どもの特性と状況に応じて必要な環境調整を行ない，支援の一部もしくは全体をコーディネートする力が求められている。

第2節　事例から

1. 学校で暴言暴力が続くＡ男への環境調整

＜対象者＞
　Ａ男（小２）

＜相談経路＞
　学校の養護教諭から，教育委員会に所属するスクールソーシャルワーカーへの相談。

<主訴>
暴言暴力
1か月ほど前から，授業中に教室の外へ出ていったり大声を出したりすることが増えた。すぐカッとなり，課題をさせようとすると暴れる。物に当たったり友人や教職員を叩いたりするので対応に困っているとのこと。

<家族構成>
父親，母親，兄（中学生），A男　※両親ともに稼働。

<学校について>
学年でクラスが1つずつの小規模校。

<支援の経過>
まずスクールソーシャルワーカーは情報収集のため，学校を訪問してA男の行動観察および教員への聴き取りを実施した。（メンバーは，校長，教頭，担任，養護教諭）。次に，スクールソーシャルワーカーがよびかけて，教員だけではなく，スクールカウンセラーや以前からA男を知っている関係者（保健師，保育園長等）にも出席してもらい，機関連携会議を開催した。また，保健師のつなぎにより，学校の対応に不信をもっていた母親とスクールソーシャルワーカーとが面談を実施し，それを学校にフィードバックする作業を繰り返すことで，両者の関係調整を行なった。

母親との面談では，家庭内でも父母に思いのずれがあることもみえてきたため，父母同席の面談により夫婦間の調整をした回もあった。それと同時に，母親から相談を受けた保健師の働きかけがきっかけで，母親がA男を連れて医療機関へ受診することとなった。A男はそこで注意欠陥多動性障害（ADHD）[1]であるとの診断が下りて，症状に合わせた服薬がスタートした。また，スクールソーシャルワーカーが学校へ投げかけて受けることになった教育相談の結果を踏まえて，特別支援学級（自閉症・情緒）へ入級の手続きが取られた。

これらの支援を受けて，学校のA男や母親への受け入れ態勢が整ったこと，母親の学校への不信感が軽減されていったこと，父親のサポートを以前より受けられるようになり母親の負担が軽減したこと，服薬の効果が出てきたこと等から，A男の状態は少しずつ落ち着いてきた。そして，1年近く経過するころには，まだ思い通りにならないと，時折暴言が出たり友人とのトラブルがあったりはしつつも，少しずつ感情のコントロールができるようになってきた。学習にも取り組めるようになり，以前のような暴力行為

はほぼなくなったことから，フォローの態勢は残しつつも，スクールソーシャルワーカーの支援としては終結とした。

2．初期のアセスメントおよびプランニング

　支援の流れをみていくにあたり，まずはスクールソーシャルワーカーが学校からの相談を受理してから，一定の情報収集（学校訪問による行動観察および聴き取り，機関連携会議，母親からのインテーク等）をした時点でのおおまかなアセスメントとプランニングを振り返ることとする。

①母子と学校の関係

　クラスはA男も含めておちつきがなく，教員より注意される機会が多くなっているようである。注意されることがきらいなA男は，指導的な対応に対しての反発があるのではないか。また母親も，A男が家での様子と違い学校で荒れる状況に学校への不信感を募らせている。そして大好きな母親が学校へ不信感をもつことで，A男はさらに教員を敵視するという悪循環が生じているように感じられる。

　一方学校は，A男がたびたび起こすトラブルに疲弊し，もう少し家庭でも対応してもらいたいという願いが強くなっている。しかし，母親とうまくコミュニケーションがとれているとはいいがたい。両者がこのような対立の図式に陥っているため，第三者による関係調整が必要だろう。

　→　母親，学校それぞれにエンパワメントを行う。
　→　母（子）と学校との関係調整を行う。

②A男の特性

　母親は，以前より，「この子（A男）は何か違う」と感じながら育ててきたようである。A男は幼少期より健診で保健師におちつきのなさを指摘されていた。また，保育園では他児に隠れて目立ちはしなかったもののやはりおちつきがなかったとの情報もある。そのことを考えると，A男には早期より発達の課題があった可能性は高いといえる。母親から相談を受けた保健師のはたらきかけで，すでに医療機関受診の話しが進んでいることから，その結果を待ち，A男の特性に合った支援を行なう必要があるだろう。また，発達障がいの疑いがあり，通常クラスで不適応を起こしている現状を考えると，期限が迫ってはいるが特別支援学級の利用についても議論してもよいのではないかと考える。

→　受診先の医療機関へ情報提供を行う。
　→　学校および母親と特別支援学級利用について話し合う。
③家族関係
　母親に会ってみると，感情の浮き沈みはありそうだが，A男のことを大切に考えて懸命に対応しているように感じられた。さまざまな機関へアドバイスを聴きに行ったり，A男に特性があるとわかってからはできるだけコミュニケーションをとるように心掛けたりしているとのことである。父親はPTA活動に協力的との話しがある一方で，母親によるとA男にあまりかかわるタイプではなく時に頭ごなしに怒るようだ。父親の協力が思うように得られず，母親の負担感は大きい。しかし，父母のかかわりがどの程度A男に影響しているかは，まだみえてこない部分が多い。母親への支援を継続しつつ，できれば父親とも話をする機会があるとよいのだろう。
　→　父親にもアプローチするかどうか検討する。

3．プランの実行と考察

　これらのアセスメントとプランニングを基にして，その後実際にプランを実行した。ここではその際のポイントについていくつか考察する。
①母親と学校との橋渡し
　相談者と初めて会う時には，誰からの紹介でどのようにつながるかはジョイニングの質に大きくかかわってくる。A男の事例でも，母親へは保健師から紹介してもらう形をとった。その保健師は，以前健診でA男のおちつきのなさを母親に指摘しており，A男のことで困った母親が最近相談に来ていたからである。今回のように，相談者と学校とが対立している場合，学校からの紹介ではうまくつながらなかったり警戒されてしまったりする場合もあるだろう。そのため，相談者が信頼している人から紹介されると，スムーズに進みやすい。
　実際の関係調整は，母親と学校との話をそれぞれ傾聴するところから始めた。そしてそのなかで心掛けたのは，悪循環に陥っている関係を"良循環"に変えるために双方へ行なったポジティブフィードバックである。具体的には，相手に対するマイナスの感情は否定せず受け止めながら，「母親（学校）がよくしてくれている対応」「A男のよさ」等を考えてもらい，それをスクールソーシャルワーカーが相手に届けるという作業を行った。「A男のよさ」を母親に尋ねた時，「た

くさんあります！」と目を輝かせたように，保護者にとっては，わが子が否定される話題には防衛的になるが，よい部分（ストレングス）に焦点を当てられるとうれしくなるものである。学校としても同様に，対応がうまくいっていない部分ばかりいわれると防衛的になるが，うまくやれている部分やがんばっている部分に焦点を当てられる方が前向きになりやすいものである（実際，学校はＡ男の気持ちがおちつかない時は別室対応をしたり，苦手な学習に関しては宿題の質量を調整したりと対応の工夫をしており，スクールソーシャルワーカーはエンパワメントした）。このあたりは，ソーシャルワーカーとしての技術というよりは，むしろ態度と言えるだろう。

　母親と学校との関係は，スクールソーシャルワーカーが間に入った結果，一進一退を繰り返しながら，両者がマイナスの面ではなくプラスの面やストレングスを少しずつみることができるようになっていった。直接相手へ伝えると角が立つことも，スクールソーシャルワーカーを経由することでワンクッション置いて柔らかく届けることができるようになり，母親と学校の関係は改善のきざしがみえ始めた。関係性へのアプローチをする際は，このように両者の否定感情に巻き込まれず，スクールソーシャルワーカーがプラスの側面・健康的な側面（ストレングス）に焦点を当てる意識が重要であると考える。

②特別支援学級（自閉症・情緒）利用の検討

　発達障がいのある子どもたちは，友人関係を築くのが苦手であったり，周りの刺激に弱かったりと，支援として環境調整が必要になることがある。その手立ての一つに特別支援学級がある（多くは，自閉症・情緒のクラスになる）。

　Ａ男も特別支援学級に入ることになった結果，他児の刺激を受けず自分のペースで学習する機会の確保につながり，学校でおちついて過ごしやすくなった。ただし注意が必要なのは，Ａ男の場合は母親の同意があったためスムーズであったが，特別支援学級には保護者や本人の抵抗が強いこともしばしばある点である。特別支援学級の利用は，その子どもにとって必要であるから利用するのであって，けっして学校側の都合だけで強引に進めるべきものではない。学校や支援者としてはその点を念頭に置き，保護者や本人の気持ちに沿いながら丁寧で誠実な説明が求められる。当然，必要だと思われても保護者や本人の同意が得られない場合は，通常クラスでも可能な支援プランを考える必要があるのは言うまでもない。初めに述べたインクルーシブ教育の視点でもある。

③父母の関係調整

　問題行動が起こっているのが学校であっても，アセスメントの質を高めるためには，やはり家庭の要素は無視できないものである。家庭内は外からみえづらいことから，情報源が一人（一か所）の場合は，情報や視点が偏っていることもあり得る。可能であるなら，子どもの状況を立体的にみるために，本人や他の家族構成員から話を聴くのも次の展開につながりやすい。

　A男のケースでは，時折面談のなかで父親への不満を述べる母親に対して，スクールソーシャルワーカーからは父親も連れてきてよいと伝えていた。すると，ある日実際連れてきたため，父母と一緒に面談を行うこととなった。そこでは父親なりにA男の対応で困っていること，母親に対する不満もあること等が語られた。お互いの考えに溝があることが明確になったことで，スクールソーシャルワーカーから一般論として父母の関係がうまくいっていないとA男にも影響が出やすいことにふれると，父母ともに「そうだと思う」と同意をした。面談後，父親が意識してA男へ話しかけるようになる等の変化があり，母親からは「楽になった」という言葉が聞かれた。状況にもよるが，このような多角的なアプローチも有効である。

④関係機関（者）との連携

　スクールソーシャルワーカーにとって，"関係機関等とのネットワークの構築，連携・調整"は職務内容の大きな柱の一つとなっている。今回出てきた関係機関（者）として，医療機関，保健師，スクールカウンセラーとの連携について，簡単にふれておく。

1）医療機関への紹介（リファー）

　医療に限定したことではないが，関係機関へリファーする時は，相談者の同意を得て，事前に先方へ情報提供を行ったり，時に受診時に同行させてもらったりすることがある。その理由はいくつかあるが，端的にいうと支援の連続性を保つためである。A男のケースでは，母親の同意をもらったうえで，受診先への情報提供書を出してもらうようスクールソーシャルワーカーが学校へ依頼をし，了承を得た。そして，受診後も母親と定期受診の結果を共有しつつ，気持ちのケアをしたり発達障がいへの理解を深めるように心がけた。初めて受診（相談）する際にはとくに不安になりやすいものである。その前後をフォローすることで，切れ目のない支援となる。

2) 保健師や保育所等との連携

　支援対象者が小学低学年の場合，通っていた幼稚園や保育所，そして時によりかかわっていた保健師との連携も有効である。とくに発達障がいの場合は，幼少期より課題がみえやすいため，保健師からの指摘を受けている場合は多い。A男に関しては，幼少期の情報をもっているだけではなく，スクールソーシャルワーカーに母親をつなぎ，医療機関受診への道をつくったのも保健師であった。また，スクールソーシャルワーカーが不在時に母親への様子伺いをしてくれる等，連携をすることで支援を円滑に進めることができた。必要な時に連携できる形があることが望ましい。

3) スクールカウンセラーとの役割分担

　一言で表すと，スクールカウンセラーは心理の専門家，スクールソーシャルワーカーは福祉の専門家である。スクールカウンセラーによる心理面の見立てとアプローチ，スクールソーシャルワーカーによる環境面の見立てとコーディネート，これらがうまく組み合わさると支援に幅が生まれる。スクールカウンセラーとスクールソーシャルワーカーは理論上専門性が異なるわけだが，実際のところは，教科書のようにはいかず，現場における役割として重なる部分も多い。いかにお互いの専門性を尊重し，地域の実情とケースに応じた役割分担や連携をするかが鍵となる。A男のケースでは，スクールソーシャルワーカーが教育委員会所属の派遣型であるため，子どもたちや教員の日常を把握しているスクールカウンセラーが校内の支援をコーディネートした。このように，専門性だけではなく，内と外という役割分担も一つの方法だと思われる。

4. 事例のコメント

　現場にいると，支援は思い通りに進まずで試行錯誤の繰り返しだと感じることが多い。今回は紙面の関係で割愛したが，A男に関してもうまくいった支援ばかりではなく，うまくいかなかった支援もあれば，状況が悪化した時もある。たとえば，母親が面談にA男を連れてきたことがありアプローチを試みたが，A男は2，3度来て続かなかったことでそれっきりになった。また，A男の行動がひどくなった時や父親との関係が悪化した時に，母親は引っ越しや転校を考えA男と離れることも頭をよぎるほど追い詰められている。

　このように状況の変化は常に起こり，柔軟にアセスメントとプランニングは修

正していく必要が生じる。その都度の判断に迷うこともあるし，何が正解だったのかは後にならないとわからないことも多い。しかし，だからこそ現場のソーシャルワーカーには，日々研鑽を積み手探りで前へ進んでいく姿勢が求められている。

第3節　おわりに

　A男の事例でみてきたように，発達障がいは対応を誤ると二次障害が生じ，さらなる困難につながることがある。それを防ぐためにも，成育歴も含めた"縦の流れ"で子どもの特性をアセスメントし，学校・家庭・地域等"横のつながり"をうまく機能させるプランニングが重要である。日々慌ただしい現場でできることには限りがあるが，この"縦と横"とが結びつくように，支援全体の流れをコーディネートする立場のスクールソーシャルワーカーが今後も増えていくことを願いたい。

注
1) 2014年に日本精神神経学会により，米国で前年策定された精神疾患の新診断基準「DSM-5」で示された病名の日本語訳として，「注意欠如・多動性障害」と呼称変更がされた。

第17章 貧困児童の問題とスクールソーシャルワーカー

第1節 貧困児童の現状とスクールソーシャルワーカーへの期待

　現在の日本において大きな問題とされているのは貧困問題である。現在の日本の貧困問題を，経済協力開発機構（OECD）の基準を用いた「相対的貧困率」[1]からみていくと，2012年の厚生労働省による国民生活基礎調査では，122万円を下回る水準が相対的貧困と位置づけられ，その割合は16.1％，すなわち6人に1人が相対的貧困という状況である。内訳では，30歳未満の世帯主の年齢層が27.8％と最も高く，また世帯の構成別ではひとり親と子ども（18歳未満の子どもに限って「子ども」と定義している：厚生労働省HPより）という世帯の相対的貧困率が54.6％，つまり半数以上のひとり親世帯が貧困状態であると示している。

　筆者が勤めるZ市は，数十年前よりある産業が急速に栄え，人口の爆発的な増加，それに伴い住宅数，学校数の増加が一気に進んだ地域である。現在はその産業も衰退し，雇用，人口，学校数ともに激減している。このような経緯をたどった地域であるため，他の地域からの転入者が増えた変化も受け入れていく土壌がある。それは教育現場において異職種，異分野であるスクールソーシャルワーカーを，懐深く受け入れ受け止め，教職員をはじめ，各関係機関においても，スクールソーシャルワーカーという職を認知し，活用してくれているものに通じるものがあると感じている。

　このように数十年の間に経済の変化，人口の増減を経た地区であるため，短期間において貧富の格差が大きくなったことは否めない。日本全体での子どもの貧困が社会問題として言われている昨今，本地区においてもその現象が問題視され，「子どもを取り巻く環境への働きかけ」を行うとされているスクールソーシャルワーカーへの期待があると感じている。

第2節 事例から

1. 事例　こだわりの強い男児Aへの支援

　筆者がAのことを知ったのは，拠点校[2]として配置された小学校の玄関である。担任に泣きながら抱き着いてその場を離れようとしない姿を見たのが初めてである。当時小学3年生A（男児）のその姿にこだわりの強さを感じ，管理職，担任，生徒指導教員と意見を交わしあった。その後登校渋りがひどくなり，校内会議で名前があがったことで，あらためてスクールソーシャルワーカーへのケース依頼となった。
　学校はAの生活背景として，叔母との二人暮らしであることや数年前に同居しAを養育してくれていた祖母が亡くなったことは把握していたものの，なぜそのような養育状況になったのか，就学前のAの成育歴，現在の養育者である叔母の状況などを把握できていない状態であった。そうして，A自身のこだわりの強さや，状況を見極める様子が現れ始め，登校渋りが始まったこともあり，筆者は，学校としてAの生活背景を見直し，現在の正確な状況把握と見立てをしたうえで，今後の見通しを再検討することが必要ではないかと考えた。そこで，第一にAの生活背景のアセスメントを行うことから始めた。

2. アセスメントとプランニング

　まずは要保護児童地域対策協議会（以下，要対協）[3]へのケース照会を行った。Aが産まれた当時より要対協にてフォローしていること，叔母が養育し始めたころより親族里親制度を活用しており，現在も継続していることが判明した。校内では月1回，Aのケース会議を行っていたが，外部機関を入れて行った経緯はなかったため，各関係機関に声をかけアセスメントを含めた広域ケース会議を開催することにした。
　その際，それぞれの機関が寄った情報は以下の通りである。なお，図17-1は関係機関からの情報をもとに作成したAの家族構成（ジェノグラム）である。

【ジェノグラム】

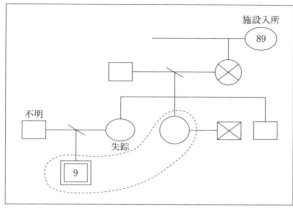

図17-1　Aの家族構成（ジェノグラム）

【アセスメント】
①市役所・児童相談所・行政からの情報

　Aの母は18歳でAを出産。経済的に厳しいこともあり妊婦健診未受診のまま，陣痛になり救急車内で出産している。父親は不明。一度はAを連れて本市の実家に身を寄せるが，Aが1歳になる前に「おちついたら養育費を送ります」との書置きを残して失踪。それ以後は連絡もなく，所在不明である。

　しばらくは母方祖母，叔母との3人での生活をしていたが，祖母が他界。当時，本家庭は市役所の保健師や要対協の相談員，児童相談所の支援を得ていたが，叔母が親族里親の申請を行い養育することとなる。叔母は就労をしている時もあったが，精神的な不安定さも抱えており継続していない。そのため里親手当などの公的支援を受けながらも，常に経済的に困窮が続いていることは事実である。しかし，「国の世話にはなりたくない」という叔母の思いもあり，児童関係の手当や生活保護申請にはいたっていない。

②学校からの情報

　Aにかかわっている教員にはこの会議に臨むにあたり，校内での登校への取り組みを表にしてまとめてもらった。それは以下のようなものである（図17-2）。

　里親手当からの補てんがあることもあり，校納金，給食費等の滞納はない。しかし，叔母には子育てをしていくという思いはあるが，歯磨き，洗顔，洗髪，食

第3部　学校におけるソーシャルワークの展開

3年登校記録

月日	登校支援者	登校可否	登校方法	登校時間	来たくない理由	登校条件	状況
4.26(土)	■■	○	■■が車で送ってくる	8:40頃	・■がいや(いじめかも) ・先生がいや ・べんきょうがいや(さんすう、漢字)	・■のいるへやには行かない(栄養士も含) ・本よみ、カルタ、字をかくなどをする。	・スマイルルーム中心にすごす。(■) ・きげんよくすごす。いわり、本よけなどあり。 ・10回きたら、ごほうびの木床としカードを作る。
4.28(月)	〈代休〉						
4.30(水)	■■	☺	■■が車で送ってくる	7:15	・■はいや ・■■(いじゃるするんだよ...)	・スマイルルームで勉強する。 ・■■学級には行かない	・スマイルルーム中にすごす。(■) ・学習スケジュールを見ながら、しっかり学習する。(たぶん、かけざん、ことば) ・男子(1名)といっしょに学習できた。
5.1(木)	■■	☺	■車	7:15	・■いや ・■学級には行けてない	・おべんきょうがんばったらごほうびタイム(DVD) ・スマイルルーム■■、学級(■)で学習	・いっしょに学習のスケジュールを立て相談すると自分で直そうとする。 ・■■に誘われ、給食を■■といっしょに食べる。学習もしっかりがんばれた。
5.2(金)	■■	☺	■車	7:20		・みんなと少しはなれて歩く。 ・みんなと■なれた所でおべんとうを食べる。	・楽しんで遠足に参加できた。 ・集合は後ろで■■先生と歩いた。 ・あらかじめ決めた通りに行動することで安心して活動できる様子。
5.7(水)	■■	☺	■車	7:20	・■■からずっと離れて登校	・■■学級はいや ・理科はいや ・理■■がんばる～。	・学習もがんばるよ！前向きに。 ・■■学級で友だちといっしょに学習できた。 ・■■■に夢我■■つづく(5.1頃〜)

図17-2　学校での取り組み

事面（カップ麺のみの食事など）といった基本的生活習慣のことで気になる点がいくつもある。自宅の環境は，室内犬の糞尿が部屋内に散乱し，異臭など衛生面での課題も大きい。

　また，「大人に口答えしない」「返事をする」「挨拶をする」など，「子どもはこうあるべき」という叔母の思いは強いため，それらが為されなかった時にはAを激しく叱る。しかしA自身は，まず叔母に話を聞いてほしい，怒らないでほしいという思いがあり，叔母との思いが交錯している。また登校渋りが始まった時も叔母は「学校に行くのは当たり前」と，無理やりにでも連れて行こうとして「家から出ていけ」と言ったことがある。Aにはその言葉だけが心に残っていて，「叔母から嫌われている」「行くところがない」と感じてしまった。

　このように現在の生活や登校面での課題点などを，各関係機関で役割分担を含めた協議を深めていった。そして，それぞれの支援策を出し合いそれらをまとめて以下のようにプランニングを行った。

第17章　貧困児童の問題とスクールソーシャルワーカー

【具体的支援方針（プランニング）】
①叔母を含めたケース会議の開催
　⇒叔母の気持ちを尊重しつつ，Aの本来もっている特性についての説明や，特性に沿った支援，教育についての説明を行い理解してもらう。また具体的な養育方法（基本的生活習慣・衛生面など）についても示した。
②病院受診への提案と実現
　⇒Aが抱える心の寂しさ（愛着的課題），こだわりの強さ，また自宅衛生面を医学的観点から指摘してもらうため。
③親族里親制度活用ケースとしての児童相談所の役割について明確化。
　⇒要対協にて管理しているケースであるため，本家庭と地区担当ケースワーカーのかかわりはあった。里親申請をした後の里親担当者と本家庭との繋がりはなくなっていて，里親手当として受け取っている生活費の運用や具体的に養育をどのように行っているかについて，地区担当ケースワーカーでは叔母に話すことがむずかしかったため，地区担当ケースワーカーと里親担当者との連携をもってもらい，互いにそれぞれの立場から役割をもって本家庭にかかわっていくことを提案し，了承された。
④登校できなかった場合の家庭訪問の役割分担。
　⇒学校：担任・生徒指導教員・スクールソーシャルワーカー
　　市役所：保健師・相談員
　　児童相談所：地区担当ＣＷ，里親担当者（主に叔母に対しての家庭訪問）
⑤学期ごとでの関係者ケース会議の開催
　⇒関係機関が多岐に渡り，参加人数も多くなっていることより，経過報告と近況の情報共有を行うため，学期終了時を目途に，関係機関でのケース会議（叔母を含まない）の開催を計画。

第3節　叔母を含めたケース会議

　広域ケース会議実施後，①叔母を含めたケース会議の開催ができた。多数の関係機関が参加することもあり，会議の日程調整については，スクールソーシャルワーカーが行った。今後も回数を重ねることが考えられるので，叔母自身の負担にならないことを優先に日程調整を行うこととした。

ケース会議の前半は学校関係者から，登校してもクラスに入れない（同年代の児童とは交われない）ことが多く，少人数である特別支援学級にて過ごすことが多くなっていることや，集団での児童間での音に敏感になり耳をふさいでしばらく動けなくなっていること，気に入った教員に対し抱き着いて離れない様子等を伝えた。以前より特別支援学級にて過ごすことに難色を示していた叔母であったが，会議の場で客観的事実としてAの様子を伝えることにより，理解を得ることができた。そして，年度途中であるが特別支援学級へのお試しでの在籍を提案，叔母も了承してくれたため，その場で決定することができた。また愛着面で気になる様子については叔母も感じる部分があった様子で，その場で心療内科への病院受診の了承も得る。受診の際は，叔母の希望もあり，担任と，児童相談所の里親担当者とが付き添うことが決まる。

　後半は，徐々に登校日数が少なくなってきているAの登校支援について話し合った。登校していない日のAは，自室にひきこもりがちであった。家庭生活の話をするこの場を借りて，洗髪がうまくできていないこと，病気であってもカップ麺を食べさせているなど，二人暮らしの生活の様子を参加者に忠実に伝わるように，しかし叔母を責める形にならないように話をした。叔母と特定の教員以外の接触がない生活を送っていたこともあり，関係機関で家庭訪問を行っていくことを叔母に伝える。最後は，叔母やAが負担にならないことに気を配ることを最優先とすることを参加したメンバーで確認して終わった。

　①のケース会議の開催の翌週には，②病院受診への提案と実現が実行できた。以前から地域との連携に協力的であった病院へ受診前に情報提供を行い，受診時のAや叔母の負担軽減，正確な情報の共有を心掛けた。この後，関係者のみのケース会議と叔母を含めた支援のためのケース会議のどちらも開催することになったが，どちらにも病院関係者（看護師，医療ソーシャルワーカー）が参加をして，病院としてのかかわり方，今後の医療の見解などを話してもらう場を持つことができた。

　③親族里親制度活用ケースとしての児童相談所の役割を明確化として，病院をはじめとした外部の機関からの意見をもとに，要保護性の高さの理解や今後この家庭への介入を深めていくことを確認した。児童相談所が介入して病院への初診同伴を行ったことが一つの成果であったように思う。地区担当の児童相談所のケースワーカーと里親担当者の両者にも役割分担を行ってもらい，この家庭の歴史

を理解しながら今後の長期的支援について役割を担ってもらった。

　また，このケースの関係者，会議参加者の見解として，叔母の養育能力についても疑問が出された。そのため里親を許可している児童相談所，また地区担当ケースワーカーとして，養育面での課題のある家庭として見解を出していただきたいという，長期的な展望も鑑みての児童相談所の介入を期待した。この後，年度が変わり地区担当ケースワーカーも変わったが，複数対応と丁寧な引き継ぎ（Aや叔母の特性や思想，生活実態，その都度の今後のケース方針など）を心掛けることで，Aと叔母，ケースワーカーとの関係もうまく続くことになった。

1．事例後半の展開——再アセスメントとプランニング

　年度が変わり4年生に進級してから，Aはますます登校渋りがひどくなり，まったく登校しない，自宅から出てこない引きこもりの状況となっていった。このような状況になった理由として，「病院受診までしたのだから何とかして登校させたい」という叔母の思いから，Aとの関係性は悪くなっていったと考えられる。また，始めたばかりの支援体制であったため，年度が変わり教員含めた行政職の人事異動によって体制が崩れたことも要因であったと考えられた。そして叔母との関係が悪くなるとともにAは，叔母だけでなく，叔母と同年代の女性に対しても拒否感が強くなっていった。学校ではAの「女は嫌い」という言葉を受け，何事も男性教員が対応するように心がけていた。筆者はAが「嫌い」と話した女性であったが，学校でのAとの接触や家庭訪問を行うなかでAとの関係性が築けていたこともあり，Aの気持ちを聞き取る役目を担うことになった。

　週1回の家庭訪問での会話のなかで，Aは叔母に怒られた時のことと，失踪した母や死んだ猫や，カッパや宇宙人などの幻想が夢に出てくると話すことが多くなった。そして，それらが出てくると「外は怖い世界」といい，ますます引きこもっていった。また，Aが嫌いと話す女性教員が家庭訪問をした際は「帰れ」といって会おうとはせず，その日のメモに「B先生が来た。嫌い嫌い」と書いてあり，また別日には「今日も一人だった」との発言があった。これらのことから，Aの状況を以下のように整理した。

・「女は嫌い」というときは必ず叔母と関係性が悪いときである
・嫌いな女性の訪問であっても誰がいつ来たかなど覚えていること
・引きこもっているが，自室にて一人で一日いることは寂しいこと

登校状況が悪くなり叔母自身がAの対応に疲れてきていることもあり，4年生の6月には再度，①叔母を含めたケース会議の開催を行うこととなった。ここで新しく，Aが通院し始めた病院の看護師と医療ソーシャルワーカーにも参加してもらうことになった。この会議では再アセスメントとして，Aと叔母のニーズに焦点をあてることを確認した。

まず上記で聞き取ったAのニーズとその分析をスクールソーシャルワーカーより伝えた。叔母の気持ちとしては「子どもは登校するのが当たり前」，しかし「今すぐ登校は無理だから少しでも多く外に出てほしい」ということであった。また自宅でAと叔母との関係が悪くなることについて，「悪いことをしたら怒るのは当たり前」という叔母の思いへの理解は示しつつ，「本を足で踏んだ」「ドアを大きな音を立てて閉めた」「叔母に対して口答えをした」など，命にかかわるような事態以外は「怒らない」ように，叔母の支援にかかわっている機関それぞれがその場で伝えた。Aは愛着面でもむずかしさを抱えていることもあり，頭ごなしに怒られると，自分を全否定されたと感じてしまうため，なぜ今怒っているのかをしっかり話をするということもその場で話し合うことができた。

前回のケース会議以降，各機関がそれぞれ家庭訪問を行なっていたものの，決まった日時にそれぞれが確認をし合うことは行っていなかった。そこで④登校できなかった場合の家庭訪問の役割分担として，具体的に平日に毎日誰かが家庭訪問を行うことを計画することとなった。具体的な内容については後日⑤学期ごとでの関係者ケース会議を開催して，そこで前回のプランニングの確認と再プランニングについて話し合うこととした。決定した内容は，Aに対してはスクールソーシャルワーカーが，また叔母へは担任が連絡することになった。

この会議後，間を空けず，⑤学期ごとでの関係者ケース会議を開催した。この会議では引きこもり事案として市内で引きこもり支援を行っている相談機関の臨床心理士と訪問相談員にも参加してもらった。前回の広域ケース会議にて協議した「叔母やA自身が負担にならないことに気を配ることを最優先」ということを引き続き考慮しながら，訪問相談員にも週1日の家庭訪問を担ってもらった。ここで気をつけたことは，「今日は誰のための，何のための家庭訪問なのか」を，叔母にもAにも明確に説明していくことであった。また，相談機関の臨床心理士の助言もあり，「Aは女性が嫌い」という言葉のまま受け取るのではなく，A自身の心に抱えているものの特性なのか成育歴からくるものかなど，Aの深層心理

など掘り下げた部分を参加者全員で理解するということで話し合いを続けた。
　また，この家庭の収支状況がみえにくいこともあり，参加者の共通認識として「貧困」という言葉がキーポイントとして出てきた会議でもあった。

【具体的支援方針（再プランニング）】
①叔母を含めたケース会議の開催
　⇒叔母自身に困りごとができた時に開催。Aについてだけでなくても，経済面，住宅環境，健康面でも相談事が出た時には，叔母の気持ちに寄り添う場を持つために実施する。
②継続的な病院受診
　⇒Aが抱える心の寂しさ（愛着的課題），こだわりの強さ，また自宅衛生面を医学的観点から指摘してもらうため。A自身の特性を明確化し，特別支援学級入級への書類作成についても助言をもらう。
③（引き続き）親族里親制度活用ケースとしての児童相談所の役割を明確化
　⇒初回ケース会議以降，児童相談所からは，地区担当ケースワーカーと里親担当者の両者の本家庭へのかかわりをもっていただいた。児童相談所として長期的展望をもって本ケースへ継続してかかわっていただけるように，これまでと今後のかかわりについても役割を明確化した。
④家庭訪問の役割分担
　⇒学校，市役所，児童相談所，引きこもり支援機関それぞれが目的をもって家庭訪問。
⑤変化があった際での情報集約
　⇒スクールソーシャルワーカーへの情報収集と必要に応じた各関係機関への連絡。
⑥学期ごとまた必要に応じた際の関係者ケース会議を開催
　⇒関係機関が多岐に渡り，参加人数も多くなっていること，またAのひきこもりの状況や各関係機関での家庭訪問が行われ，ケースが常に動いていることより，状況をみてケース会議開催を計画。

　このケース会議後，関係機関それぞれが曜日毎に定期的な家庭訪問を続けることになった。気になる様子があれば，⑤変化があった際の情報集約として，次に家庭訪問に行く機関と，スクールソーシャルワーカーへ伝え，それぞれが連絡・

確認をし合う体制が徐々に確立していった。

2．終結

　夏休み中も曜日を決めて家庭訪問を行ない，2学期に入ってからもこの家庭訪問は順調であった。それぞれがAの状態を判断しながら，機会をみつけては自宅外へAを連れ出して，催しや行事等にも少しずつ参加できるようになっていった。

　その後，家賃滞納が発覚，居住地を退去しなければならないことになった。叔母は親戚の所有している空き家へ引っ越すことになったが，そこは設備が整っていないこともあり，Aは児童相談所にて一時保護されることとなった。児童相談所で長期的な展望も鑑みて丁寧なかかわりをしてもらったことで，Aの様子は落ちついていた。一時保護中の生活は清潔さが保たれ，適切な服装にもなっていった。それに比例してたどたどしかった言葉はなくなり，甘えてはくるものの，こだわりが感じられるような抱きつきや発言などもなくなっていった。一時保護以降，叔母の気持ちや経済面から叔母の家でのAの養育は困難であると判断され，Aは児童養護施設措置となった。

　児童養護施設での生活が始まったAは，毎日学校に登校している。1度面会に行った際には，照れながらも少し甘え，少し大人びた様子もみせ，新しくできた友人や児童養護施設での生活を話してくれた。

第4節　おわりに

　一口に「貧困家庭への支援」といっても，ケースによって課題はさまざまである。そのため，そのケースの何に焦点を当ててケースワークするのか，どのような支援計画を作成し，支援体制を作っていくのかはまさにケースバイケースであると思う。経済的支援としてよく「生活保護の受給」ということがいわれるが，実際には生活保護をすでに受給していながら課題のあるケースも多い。また今回のケースのように，受給という形につながらないケースも多くあることを実感している。

　筆者は「貧困＝子どもが不幸」という構図にも疑問を感じている。貧困であっても，不登校であっても，毎日笑顔で過ごせている家庭や児童生徒もいる。「人権尊重」「権利擁護」の観点から，なぜ支援が必要なのかということを，その児

童生徒と家庭だけではなく，そこを取り巻く関係機関にも指し示していくことが大切だと感じている。

　課題があるとされている児童生徒，家庭に関して，「貧困」「不登校」「発達障がい」「虐待」など，さまざまな要因があげられるが，それらは一要因であると考える。つまり一ケースにおいてたった一つの要因しかないということは考えにくく，必ず背景にいくつもの他の要因があると考えるのである。多様化，複雑化する児童生徒の課題について，情報収集，その情報の整理，見立てを行ない，長期目標，短期目標を立てることは当然のことである。どの部分でどの機関が有効なのか，今はどの課題に焦点をあてて支援を行っていくべきなのかなど，その都度変わる細かな課題や具体的支援策についてもコーディネートしていくことも肝要である。

　そのなかでも筆者自身が一番大切にしたいことは，児童生徒のニーズにこたえ，その児童生徒の「最善の利益」を最優先するということである。そのような思いを持ちながら日々活動していきたいと考えている。

注

1) 一定基準（貧困線）を下回る等価可処分所得しか得ていない者の割合。なお，貧困線とは，等価可処分所得（※）の中央値の半分の額をいう。
　（※）等価可処分所得とは，世帯の可処分所得（収入から税金・社会保険料等を除いたいわゆる手取り収入）を世帯人員の平方根で割って調整した所得をいう。属性別の相対的貧困率は，世帯人員ベース。全国消費実態調査の貧困線は135万円（2009年），国民生活基礎調査の貧困線は122万円（2012年）。
2) スクールソーシャルワーカーの配置形態については，いくつかのタイプに分けることができる。①複数の小・中学校を担当し，学校からの相談依頼で派遣されていく「派遣型」，②指定された小・中学校に週1～2日程度配置される「指定校配置型」，③中学校区を対象として，小・中学校の連携，地域の関係機関や学校支援者のネットワークなどを推進していく「中学校区・拠点巡回型」等である。
　Z市においては，「派遣校」（上記①「派遣型」の形）と「拠点校」（上記②「指定校配置型」の形）に分けて活動を行っており，この小学校では「拠点校」として活動を行っている。
3) 虐待を受けている子どもやさまざまな問題を抱えている要保護児童（保護者のいない児童又は保護者に監護させることが不適当であると認められる児童）の早期発見や適切な保護等を図るために，構成機関が情報を共有することを法令上認められた協議会（平成16年10月児童福祉法改正により設置）。
　Z市においては，代表者会議（関係機関同士の連携・協力・情報交換，担当者の参加への理解）を年1回，実務者会議（新規受理ケースの支援方針検討，定期的なケース検討，個別ケース検討会議で課題になった点の検討）を月1回，個別ケース検討会議（直接関わるまたは今後関わる機関の者で，個別ケースについて具体的な支援の内容等を検討）をその都度開催しており，スクールソーシャルワーカーは実務者のメンバーであり，実務者会議，個別ケース検討会議へ参加をしている。

児童虐待問題とスクールソーシャルワーカー

第1節 児童虐待の早期発見と通告義務

　2000(平成12)年に公布・施行された児童虐待の防止に関する法律(以下，児童虐待防止法)は，児童の福祉に職務上関係のある者等に早期発見の努めと通告の義務を規定している。虐待通告は緊急かつ重大な事案に限らず，当面の緊急性はそれほど高くないとしても「今後の展開によっては重大な展開や長期化が予想される」場合には，虐待の未然防止や状況の改善の取り組みのために行うことが求められている。また子どもの様子を把握しやすい学校は市町村の要保護児童地域対策協議会(以下，要対協)[1]を活用して関係機関と情報を共有し，連携を図ることが重要であると考える。

　この章では，ある小学生の事例をもとに，①「子どもの問題行動」と「環境」との相互関連性，②児童虐待の早期発見と通告義務，③関係機関との連携の重要性，といった3点を中心に，スクールソーシャルワーカーが教育と福祉をつなぐ重要な役割を担っていることを明らかにしたい。

第2節 児童虐待問題においてスクールソーシャルワーカーに期待されていること

1．児童虐待通告件数の増加

　厚生労働省の2015(平成27)年度福祉行政報告例(2016年12月発表)によれば，児童相談所(以下，児相)が受理した児童虐待相談対応件数の統計はとうとう10万件を超え，ここ10年間でおよそ2.8倍の伸びとなり，児童虐待の「裾野」は広がっている。この急激な件数の伸びの背景には，①家庭環境をとりまく生活困難の進行，②早期発見の啓発や取り組み意識の高まり，③いわゆる「面前ＤＶ」(子

どもへの心理的影響）にかかる警察通告の増加，④近隣からの「子どもの泣き声通告」，⑤統計上のカウントの仕方の変更（虐待環境にある兄弟姉妹の全数計上）等が考えられる。

　こうした相談対応件数の伸びと新聞紙上をにぎわす子どもの虐待死といった深刻な事例が同時並行的に増加しているわけではない。しかし，毎年公表される児童虐待による死亡事例の検証結果では，行政や関係機関が危険な兆候を見落としていたり，その間の連携不足が繰り返し指摘されている。児童虐待死の人数は年度によってややバラつきはあるものの，毎年50人前後であり（多い年では70人越），これに無理心中を加えると100人を超える年度もめずらしくない。こうした重大事例は子どもの年齢が低いほど高い割合を占めている。

　前掲の福祉行政報告例をさらに詳しくみてみると，児童虐待の種類別の割合は心理的虐待47.1％，身体的虐待27.7％，ネグレクト23.7％，性的虐待1.5％であり，年齢構成別では乳幼児から就学前43.2％，小学生36.2％，中学生13.6％，高校生等7％となっている。また市町村や児相が受理した相談通告の経路別割合のうち，学校からの通告はそれぞれおよそ14.1％，7.3％と低い割合にとどまっている。

2. 児童虐待問題と学校の役割

　児童虐待防止法では，児童虐待は子どもに対する最も重大な権利侵害であり，児童虐待を発見しやすい立場にある学校は早期発見に努め，虐待を受けたと思われる場合には速やかに市町村または児相に通告しなければならないと規定している。学校はすべての学齢期の児童生徒が所属する機関であることから，児童虐待の早期発見や早期対応においてきわめて重要な位置を占めている。さらに通告義務だけでなく，校内の事例への個別対応と継続した「見守り」にかかわりながら，事態の推移について関係機関に情報発信を行う役割も担っているのである。

3. 子どもたちの抱える問題とスクールソーシャルワーカーの役割

　児童虐待にかぎらず，子どもたちの抱える課題（不登校，非行，発達障害，いじめ，子どもの貧困等）については，今や学校のみの対応では困難な状況にある。それぞれの課題が個々ばらばらに存在するというよりも，それらの課題が相互に関連し合っている深刻な事例も多い。そのために学校と地域の関係機関がチームを形成し，協働して子どもたちや保護者の困難に一緒に取り組んでいくことが求

められている。

　2008（平成20）年度から文部科学省がスクールソーシャルワーカー活用事業をスタートさせたのをきっかけに，学校現場において今後ますますその重要性が増すと期待されるのがソーシャルワークの視点であり，その実践を担うのがスクールソーシャルワーカーである。

　文部科学省のスクールソーシャルワーカーに関する解説では，「教育分野に関する知識に加えて社会福祉等の専門的な知識・技術を用いて，児童生徒の置かれたさまざまな環境に働きかけて，支援を行う者」とされている。さらにスクールソーシャルワーカーの職務内容として，①問題を抱えた児童生徒が置かれた環境への働きかけ，②関係機関等とのネットワークの構築，連携・調整，③学校内におけるチーム体制の構築，支援，④保護者，教職員等に対する支援・相談・情報提供，⑤教職員への研修活動の5項目が示されている。

　つまり，スクールソーシャルワーカーは，ミクロ（個別ケース対応），メゾ（校内体制づくり），マクロ（教育行政・福祉行政，関係機関との協働）という各レベルの活動を視野にその職務に取り組んでいくことが期待されているのである。

4．児童虐待に関するスクールソーシャルワーカーの活動

　スクールソーシャルワーカーが学校で活動を始める場合，その役割や職務内容を教職員にしっかり理解してもらうことがその第一歩となる。筆者はできるだけ早急に次のような内容を自ら伝えることができるよう，管理職に校内研修の開催をお願いしている。

①スクールソーシャルワーカーは何をする人なのか，その職務内容は何か，どういう経過で学校に置かれるようになったのか，そもそもスクールソーシャルワーカーの活動の基本となるソーシャルワークの理念とは何か

②子どもの問題行動に関する背景理解と具体的なプランニングのためのアセスメントの重要性，校内ケース会議のもち方や運営方法

③児童虐待に関しては，児童虐待防止法及び児童福祉法の規定（定義，通告，組織，対応等），子どもの所属機関としての学校が果たすべき役割，虐待に至るリスク要因，早期発見・早期対応の大切さ，児相の一時保護を要するような緊急ケースの判断と対応方法，児童虐待にかかわる関係機関（児相，市町村の児童福祉・母子保健・教育行政等）の役割と機能，機関連携のメリットと「限界

性」，市町村や児相への相談・通告の手順，等

これだけの内容をすべての教職員に一度の校内研修で伝えるのはむずかしいので，小分けにした校内研修や校内向けに「SSW通信」を発行するなどの工夫も必要だろう。特に管理職，スクールソーシャルワーカーのコーディネーターとなる教員，養護教諭，各部会の担当教員といった虐待対応の中核となる教職員には機会あるごとに丁寧に説明することが重要である。

第3節 事例から

　児童虐待のうち，身体的虐待による大きなアザといった外傷は発見されやすい。また性的虐待の疑いがある場合も，学校も緊急性が高いとして対応への動きは早いと思われる。しかしそれ以外の，たとえば心理的虐待やネグレクト，これから説明する問題行動の事例のような場合，緊急性は高くないとして「早期発見」のための通告がなされていないことも多いのではないだろうか。その結果，関係機関との情報共有による初期対応の遅れから，知らぬ間に事態が悪くなり状況の急激な変化に緊急対応せざるを得なくなる場合も考えられる。

　以下で取りあげる事例は，筆者が長年，子ども・家庭福祉にかかわる相談業務で経験してきた多くの虐待事例を加工して説明を加えたものである。特定のケースを扱ったものではなく，また，学校やスクールソーシャルワーカーの一連の取り組みをその段階ごとに解説しようとするものでもないことを先にお断りしておく。

　ここでのねらいは，教員の「気づき」を校内で受けとめる組織のかたち，校内ケース会議の意義，さらに学校の早期発見・早期対応の重要性といったことを，学校配置型スクールソーシャルワーカーをイメージしながらその役割を述べることにある。

1. 事例　学校でよくウソをつき，校外で触法行為を行った小学生K斗

【家族構成】

> 　本事例の対象は，小学3年男子のK斗（仮名）である。家族構成は，継父，母，妹（2歳）の4人家族。母はK斗の父である前夫と離婚し，3年前に継父と再婚した。K斗が小学

校に入学する直前,近隣のA市から現在のB市の賃貸マンションに転居してきた。現在,B市の要対協には事例登録されていない。また就学援助制度の利用はない（図18-1）。

＜課題発見のきっかけ…校内支援委員会＞

K斗の通うB市の小学校では,毎月定例の校内支援委員会が開かれ,「気になる児童」の様子が報告される。参加メンバーは,管理職（校長・教頭），教務主任，特別支援教育コーディネーター，生徒指導担当，教育相談担当，養護教諭，スクールカウンセラー，スクールソーシャルワーカーである。K斗の事例については,さらに時間をかけて検討する必要があるため,後日，校内ケース会議が開かれることになった。

＜K斗の気になる様子…ケース会議＞

このケース会議の出席者は,管理職，担任（生徒指導担当），教育相談担当，特別支援教育コーディネーター，養護教諭，スクールソーシャルワーカーである。担任からK斗の様子について次のように説明があった。

「何か指摘されるとその場逃れのウソをつくことを繰り返している。常に自信がなさそうな言動がみられ，おどおどしていることが多い。2年生の終わりころスーパーで万引きし,何回目かに店が警察に通報した。前担任の話では,そのあと本児は継父から拳骨で殴られたと言っていた。普通程度の学力は持っているが,注意されるまでなかなか学習に向かえない。学校は休まず来ていて，絵を描くのがうまい。健康面に問題はなく今のところ周りの子に乱暴な様子はない。家庭訪問では,家の中の様子は取り立てて乱雑ではなかった」とのこと。

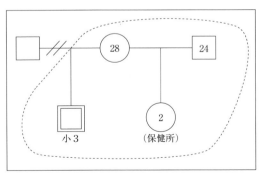

図18-1　K斗の家族構成（ジェノグラム）

2．事例の考察

　この事例は，特に緊急性があるわけではなくすぐさま虐待通告しなければならないほど切迫感があるわけではない。継父に拳骨で殴られたという話もＫ斗が「ウソ」をついているかもしれない。もう少し様子を見ることにしようという考え方もあるだろう。しかし本当にその考え方でよいのだろうか。そこには学校に課せられた児童虐待に関する役割の点で，落ち度はないのだろうか。

　この問いに対して，新年度にスクールソーシャルワーカーが新たに配置されたことをきっかけに，ソーシャルワークの視点からこの事例を改めて検討する機会となった。以下，その内容を説明する。

①校内で把握できる情報の活用
　児童虐待防止法は，児童虐待を受けたと「思われる」児童という表現をつかって，早期発見による通告を促している。
　学校は，多くの本人情報（登校状況，学力・成績，健康状況，友人関係，性格・行動・コミュニケーションの特徴，興味関心等）と，保護者から提出される「児童調査票」によって一定の家族情報をもっている。この事例のような転入児童の場合，以前の居住地における経過や情報が重要になる場合が少なくないが，まずは教員の「気づき」と校内でわかる情報をもとに，学校としての見立てや判断が求められるのである。

②繰り返しその場逃れのウソをつくことについて
　子どもがウソを，しかも繰り返しつく場合，その言葉や態度の裏に何かがかくれているのではないか。怒られたくないという心理や家族間の関係性の現れではないかということが考えられる。事例のように，離婚後に子連れで再婚しその後再婚相手との間に子どもがいる家族の場合，Ｋ斗の継父に対する，また妹出産後の母に対する態度のとり方，母の再婚に伴う名前（姓）の変更にまつわる気持ちの「揺れ」など，子どもにとって環境の変化はとても大きい。

　こうした家庭環境のなかで，愛情欲求があっても素直に安心してその気持ちが出せずついウソをついて叱られる，叱られたくないからウソをついてまた叱られるといった悪循環が起こる。その延長線上，学校でもついウソをついてしまい，結果，自信なさそうなおどおどした態度になってしまう。

③スーパーでの万引きについて

2,3年生という年齢から考えれば,ウソをついたり万引はよくないことだとは分かっているはずであろうに,それでもなぜ何回か万引きを繰り返したりウソをつくのであろうか。ここでもＫ斗の置かれた環境やこれまでの経過が影を落としていると考えるのが妥当であろう。

ひとこと欲しいといえば買ってもらえたかもしれないし,逆に経済的に厳しいことを子ども心に感じてとっていい出せなかったかも知れない。バレたらひどく叱られるのはわかっていても万引きに走るのは子どもなりにそれだけの「ストレス」や「悩み」を抱え,不適応を起こしているからではないか。

④子どもの問題行動はＳＯＳ,それをチャンスに生かす

こうしたウソの繰り返しや万引きなどの問題行動について,その問題性を指摘し,叱責や指導を繰り返したり,学校での問題行動を母親に伝え続けても,そのことが教師・Ｋ斗・母との関係の連鎖のなかで悪循環が生じている可能性がある。したがって,「指導」によって改善がみられないのであれば,対応の仕方を少し変えてみる視点が必要であろう。

ステップファミリー[2]では,家族それぞれが新しい家庭をうまく作りあげていきたいと思っていても（逆に,そのことを意識すれば意識するほど）,それぞれの気持ちが微妙に少しずつずれ出して悪循環に陥ることは大いにありうる。学校として,Ｋ斗のウソや万引きが示しているサインの意味を受けとめ,この家族の誰が悪いとか親の愛情不足とかの解釈ではなく,この家族や家族システムの課題に対し学校が取り得るよい方法は何か。このことを模索し続ける必要があるだろう。

3. 事例の取り組みの展開に向けて

(1) 事例の見立て（仮説）

この事例をソーシャルワークの視点から整理すると次の①〜④のようにまとめられる。

① 「繰り返しウソをつく」「おどおどしている」とか「万引き」行為の背景に,両親の離婚と母の再婚・転居といった大きな環境の変化,何がしかの緊張感（暴力的対応）をともなう日常生活といったことが関連し,Ｋ斗は今の暮らしのなかでどうしたらいいのか迷い,困っている。

②継父および母の仕事や雇用条件，実家の支えの有無や関係性，現在の暮らし向きに関する詳しい情報は不明だが，母自身，子ども2人と年齢の若い現夫の間に立って，暮らしの維持，子どものしつけや養育に困っている。
③妹の通っている保育所の職員，妹の健診にかかわった保健師からの情報を聞くことで，母の状況をもう少し詳しく知ることができるのではないか。
④万引きに対して継父が拳骨で殴ったという本児の話もあるので（実はこの時点で通告すべきだった），「児童虐待」および離婚理由によっては「ＤＶ」のリスクもあると考え，緊急事態の対応と今後の予防的観点の両面の視点をもっておく。

(2) 当面の手立てとケースマネジメント

　以上により，当面の緊急性はないとしても，予防的観点も含めた「児童虐待（の疑い）」の事例と判断し，Ｂ市の要対協に通告する。そして当面の手立てを次のようにとり決める。
①担任は，本児への語りかけや観察からＫ斗の「強み（よい面）」を積極的に見つけ，母に伝えることで「よい循環」のきっかけを図る。また，母の立場や「困り感」についても関心を向ける。
②養護教諭は，Ｋ斗の来室時の語りかけを通じて，無理のないよう配慮しながら家のなかでの様子や本人の「困り感」に耳を傾け，アザなどの「身体的虐待」の有無をチェックする。
③アザなどを発見したり，Ｋ斗の話から緊急性を感じとった場合，話の内容を記録に留め，不安を与えないように配慮しながらスケッチや写真をとったうえで，管理職を含めた緊急の校内ケース会議をもって対応を協議する（対応方法について事前にシュミレーションしておく）。
④スクールソーシャルワーカーは，「要保護児童の通告」の文案を作成し，管理の決裁を得る。その後，教頭に同行してＢ市の子育て支援課に通告文書を提出し，個別ケース会議の開催を要請する。同時に市の教育委員会にも報告を行う。
　通告が受理されたら，個別ケース会議の開催までに結構な時間を要することもあるので，Ｂ市の子育て支援課・母子保健課，妹の通っている保育所，児相（警察からの触法通告の有無と対応の概要）など，各関係機関への照会・訪問によって情報の収集を試みる。
⑤こうした情報を校内の核となるチームで共有しながら，状況に応じてケース会

4. 事例対応のまとめ

(1) 通告による機関連携のメリット

　K斗の事例がB市の要対協で登録され，学校の要請により関係機関との個別ケース会議が開催されると，転入前のA市と転入後のB市での情報，さらに児相での取り組みの経過があればその情報も知ることができる。学校内外の情報を共有することで，事例のリスク度や緊急性の判断を関係機関との共同で検討できるし，そうした情報を生かして校内での取り組みのヒントや留意点が得られる。こうして家族課題への対応の幅が広がってくる。

(2) スクールソーシャルワーク活動の留意点

　スクールソーシャルワーカーの活動に関しては，①採用形態や学校配置型か派遣型かの違い，②以前の職場経験やその活動スタイル，③スクールソーシャルワーカーとしての経験年数，④活動する学校の種別や特徴，④スーパーバイズ体制，⑤市町村要対協の体制やマネジメント力といったことが相互に関連し合っている。したがって，この事例に関する説明も当然ながら筆者の経験や活動スタイルの特徴が反映しているので，読者の受け止め方や感想との間に異なるところもあるだろう。日本のスクールソーシャルワークはまだ歴史が浅く，大方は非常勤の一人職種であるため，学校内の立ち位置や活動の範囲やスタイルについて不安を覚えることも多い。こうした時，学校の管理職や教職員との意思疎通，仕事の進め方の手順を丁寧に確認しながら，同時に仲間同士の情報交換や支え合い，スーパービジョンの有効な活用もスクールソーシャルワーカーが活動するうえでは大事な留意点だと考えている。

第4節　おわりに

　早期発見や関係機関との連携が強調されるなか，学校によっては「日常的に忙しいため校内ケース会議の開催や機関連携のための時間がなかなかとれない」「要対協や児相への通告によって一定の情報共有はできたとしても，具体的に何かしてくれるわけではない。結局，学校だけに役割や責任が押しつけられている感じがする」という声も聞く。

2016（平成28）年の児童福祉法の改正によって2017年度から児相は「児童虐待」について，ますます「介入型」や「家庭裁判所との連携シフト」を強めていき，一方，市町村は児相からの「送致」を受けてさらに困窮した状態になることも十分予想される。

　児童虐待件数の「急増」を背景に，児相の児童福祉司の増員等は強調されているが，学校からすると上記の法改正の趣旨から身近な市町村との連携は今後さらに重要性を増してくると思われる。したがって，要対協の体制強化も児相同様にあるいはそれ以上に重要である。そうでないと連携の内実（関係機関との個別ケース会議による丁寧な見立てや取り組み）がともなわず，機関連携ということが形式的なものになってしまいかねない。

　学校，児相，市町村ともそれぞれ忙しく余裕のない状況を抱えているのも事実であり，K斗のような「当面の緊急性がない」事例まで手が回らない現実があるかもしれないが，早期発見，通告義務，機関連携が法的に規定されている以上，こうした点で学校の果たすべき役割は大きいと考える。

　通告しても思いの他大した事態にいたらなかったり，関係機関との連携も含め少しでも改善方向がみえれば，それはそれで先の見通しに役立ち喜ばしいことである。学校が単独で判断して「問題ない」とか「先送り」した結果，重大な事態にいたったということは避けなければいけない。学校としては児童虐待の対応において，「子どもたちの最善の利益」のために「最悪に備えて最善を尽くすこと」（初期の見立てと迅速な対応）が重要で，そのためにスクールソーシャルワーカーはソーシャルワークの視点から応分の役割を果たさなければならないのである。

注

1) 児童虐待や支援を要する児童の早期発見や適切な保護・対応を図るために，関係機関が情報や支援についての方針を共有し，適切な連携のもとで対応していくために，児童福祉法第25の2の規定によって設置された法定の組織である。構成する関係機関等に守秘義務が課されたことにより，関係機関の積極的な参加と相互の情報交換や連携が期待されることになった。「代表者会議」「実務者会議」「個別ケース会議」の三層構造になっていて，運営の実務は調整機関（ほとんどは市町村の児童福祉主管課）が行っている。
2) 子どもをもった男女の離婚・再婚によって生じてくる，血縁関係のない親子関係・兄弟姉妹関係を内包して成立している家族。

多文化背景をもつ子どもへのスクールソーシャルワーカーのかかわり

第1節　日本における多文化背景をもつ人たち

　本章で扱うことは筆者が以前担当をしていた地域での支援を中心にしていることと，2016年10月9日，日本女子大学新泉山館にて開催された国際シンポジウムでの発表をもとに加筆したことをまずお断りしておく。はじめに日本における多文化背景をもつ人たちについて把握しておきたい。

1. 基本事項

(1) オールドカマーとニューカマー

　筆者の前任地は，「1952年のサンフランシスコ条約発効のもとに，自らの意志にかかわらず日本国籍を剥奪されて『外国人』として日本に永住することになった人々やその子孫」（中川，1998）である「オールドカマー」の方も多く住む地域であった。その後，70年代以降に来日して長期に在住するようになった外国人は「ニューカマー」とよばれ，数を増していく。その背景には，1972年以降中国からの帰国者や1975年以降の難民の流出を受けたことがあり，80年代以降には多くの外国人の日本への定住が盛んになってきたという事情がある。さらに1990年（平成2年）の出入国管理および難民認定法（以下入管法）の改定にともない中南米から多数の日系人が労働のために来日したということがある。

(2) 集住地域と散住地域

　先にあげた入管法の改定にともない，中南米の日系外国人が多数生活の場として移住してきた自治体もあるなか，さまざまな外国の人が人数的にも一定ではないながら長期の滞在を始めた地域もある。

　前者のような地域を集住地域といい，後者のような地域を散住地域という。文部科学省の「日本語指導が必要な児童生徒の受け入れ状況等に関する調査（平成

26年度）の結果について」によれば，日本語指導の必要な外国人児童生徒の在籍数が5人未満の少数在籍校がおおよそ8割を占めているとのことであり，市町村でみると全体の5割を占めている。つまり，日本国内では散住している地域が多くあるということである。

筆者の担当地域にて暮らす諸外国の人たちは多様化しており，そのなかでも，全国の統計と同様に中国やフィリピン等，いくつかの国から来た人の割合が多いことはあったが，特定の国の人たちが一度に大勢移住してきた地域とは異なるため，散住地域として扱っていくことにする。

(3) ケースの対象となる子どもたち

筆者が担当してきた地域には，オールドカマーも多くおり，また，担当地域内でも工業地域，商業地域，住宅地域という違いがあり，それぞれの地域で違った国からのニューカマーが増えている状況であった。たとえば商業地域では，飲食店に勤める多くの中国系の人たちや韓国やインドの人がいた。また住宅地には国際結婚や介護職に従事したフィリピンの人が居住していたし，工場地域で働く中南米の人もいるという状況であった。こうしたなか，支援の対象となったのはまさに今，来日して生活を始めたばかりの子どもやその家族であった。

2007年にはオールドカマーといわれる朝鮮半島出身者の数より中国人が上回ったことや，日系南米人の増加から「ニューカマーへ移行の時代を迎えた（佐久間，2006）」ということを，スクールソーシャルワーカー活用事業が始まったばかりの学校現場で実感する状況であった。

担当当時の自治体のデータによると全市の国勢調査・外国人登録数のおおよそ3分の1の外国人が筆者担当地域に居住しており，6～18歳までの子どもの人口のうち，全市のほぼ半数が住居しているとのことであった。さらに日本人との国際結婚等でダブルの文化をもつ子どもたちや，帰国子女を加えればその数を上回ることになる。

2．スクールソーシャルワーカーが把握すべき事柄

(1) 可視化できにくいこと

佐久間（2006）は日本社会ではマイノリティとされる多文化背景をもつ人たちが可視化されないということを指摘している。彼によると，「『可視化』されたマイノリティとは，日常生活のレベルで肌の色や体型で明らかにその国のマジョリ

ティと異なることが識別できること」であるという。以前日本が単一民族であるといってきた背景，それに加えてオールドカマー・ニューカマー共にアジア系の人が多いこと，入管法改定後に来日した日系南米人のなかにも，見た目では日本人と見分けがつかない人がいることなどを示して，可視化がむずかしいと述べている。

　担当地域は多文化背景をもつ子どもたちと家族が，散住しながらもその数を増加させている地域であった。にもかかわらず，筆者が想像していたほどの支援数にはいたらなかった（全体で一割にも満たない）ことから，加えて支援が顕在化しないことでも可視化しにくいと感じられた。

(2) 日本語指導等の事業，国際学級，支援団体等

　突然自分が担任をしているクラスに，まったく日本語ができない児童や生徒が転入してきたとしたら，お互いが真っ先に心配するのは言葉の問題であり，コミュニケーションの手段をどうしようかということであろう。中学校では英語教師が仲介に入ったりすることもあったが，その児童や生徒の母語で対応できる教師はほとんどいなかった。散住地域においては多様化する外国語への対応の困難さがあることも否めない。

　一般的に，来日１年未満の児童・生徒に対して「日本語指導等協力者派遣事業」を利用して日本語の授業を約１年間受けられるようにしている。これは自治体と国の予算で行うために，自治体によりその対応方法には違いが出てくる。筆者の担当地域では月８回（１回あたり45分×２）で９か月，計72回行われていた。

　文部科学省の「日本語指導が必要な児童生徒の受入状況等に関する調査（平成26年度）の結果について」では，「日本語指導が必要な日本国籍の児童生徒とは，帰国児童生徒のほかに日本国籍を含む重国籍の場合や，保護者が国際結婚により家庭内言語が日本以外の場合などがかんがえられる」と明記され，日本語指導の対象者は幅広くとらえられている。

　さらに学校に５名以上外国籍の児童・生徒が在籍する場合は，校内に国際級（呼び名はさまざま）を開設することができる。ただし開設は新年度からとなるため，年度の途中で数が増えても対応は翌年度となる。９月に新学年を迎える外国の学校が多い点では日本の年度途中での増加もあり，その折の対応は個別の日本語指導ということになっていくであろう[1]。そのような場合スクールソーシャルワーカーが地域で国際交流を担うNPO等を知っていることで，学校以外の場所での

日本語教室・学習支援などを紹介することもできる。

　前任地での代表的な支援団体がそうであったように，地域に根ざした団体であればこそ，その地における多文化背景をもつ人々の支援を，当事者だった人が担当してくれることが多いので，同じ文化をもつ支援者に出会えた子どもや保護者は安心する。

　スクールソーシャルワーカーは地域のフォーマル／インフォーマルな社会資源として支援団体などを把握しておく必要がある。

(3) 保護者の立場

　日本人にとって公教育を受けさせることは親の義務になっているが，教育基本法では外国籍児童生徒に就学義務を課していない。しかし，国際人権条約A規約を受けて入学希望者は日本の公立学校への入学が可能である。したがって，来日した外国籍の方が日本の公教育に転入学を希望し，日本語指導が必要な児童生徒も増加している。

　なかには保護者が先に来日して，生活が安定してから子どもを呼び寄せる場合があるが，こうした場合であっても後から来た子どもたちのほうが往々にして語学の習得が早い。そこで注意すべきことは，子どもを通訳代わりに使わないことである。時間割の変更やそのために必要な学用品くらいは子どもに直接関係する事柄であり，保護者に説明してもらうことは可能かと思う。しかし学校の費用等経済に関することや子どもに直接関係することなどは，子どもに心配をさせずに保護者にしっかりと伝えるために，通訳・翻訳の制度をきちんと使うことが望ましい。また，子どもの成長にともなう概念形成と母語の理解度などを考慮し，会話が上達したからといってすべてがわかると勘違いをしないようにしなければいけない。そのうえで保護者が理解しやすい母語を大事に扱ってもらいたい。

　さらには保護者と家庭の理解も必要である。保護者の日本での生活が長く日本語が堪能である時，子どもが日本語に慣れ親しむ家庭環境で産まれ育っている場合であっても，就学前の日本の子どもと同様の日本語を身につけられているとはかぎらない。また九九のような特殊な言い回しは，いくら語学に堪能な保護者でも知らない場合がある。多くの小学校では毎日の宿題に音読を課しているところがあるが，読んだことをチェックするだけでも仕事に追われている保護者は大変であることを理解してほしい。また，それ以上に日本語に長けていない保護者にとっては，子どもが読み方を間違えても直すことができないことも負担になって

いることがある。

したがって家庭学習のハンデがあることを前提として，九九の暗記や音読の宿題等への配慮ができるように，スクールソーシャルワーカーは担任にそのような気づきを促せるような支援を心がける必要がある。

第2節 事例と考察

以下，実際に多文化背景をもつ子どもたちへの支援について述べていくが，事例数が少ないこと，マイノリティの特有の問題であるために個人が特定されやすいことを踏まえ，個人情報保護のため1つの事例でなく，支援課題別に実際のエピソードを踏まえながら考察を行いたい。

1．学用品等

（1）日本の学校文化を始めて体験する人への支援

> 日本の生活が安定した家族が子どもを呼び寄せることになり，まったく日本語ができない子どもが転入することになった。その際，担任からスクールソーシャルワーカーが転入に当たっての保護者との面談に同席を要請された。そこでスクールソーシャルワーカーは何に注意しながら支援をすべきか，面談において学校にはどのようなことに気づいてもらい，保護者にはどの程度子どもの学校生活について理解してもらうのか，子どもにどのように安心してもらうか等を考えることにした。

スクールソーシャルワーカーは，子どもが感じている日本の学校に対する不安を真っ先に考えるが，日本語がわからないことが一番大きい不安であるということは誰もが気づくことだと思われる。その家族が住む自治体ではどのような具体的な対応があるのかを把握したうえで，学校と連携して日本語指導を入れる。その時には相手が思っているほど長い間の指導ではないことも考慮しながら，説明をしていくことが大事になる。日本語の補習が受けられると知ると，子ども以上に保護者が安心することが多い。

また，文化的な違いをよく認識して，学校生活についての説明を学校ができるようにサポートすることが必要になる。よく見受けられるのが，相手を安心させるために「何ももたずに来ても大丈夫だからね」と先生が声をかけることである。

しかし準備すべきものが意外に多い学校の用具に関して，きちんと伝えなければいけない。たとえば，学校に入るときには「上履き」に履き替えること，中学では体育館用の上履きも必要なこともある。また，プール授業の時はビーチサンダルが必要なこともある。このように私たちが知っている学校の日常で当たり前のことをふり返ると，履物だけでもいくつも用意することがあるとわかるであろう。

　また，小学校では一般的に学用品をランドセルに入れて通うこと，中学校では指定の制服やカバンがあること。体育の時間には指定の体育着を着用するため購入しなければいけないことなどをきちんと伝えることが大事である。「学校費用は無償ではないのですか？」と問われることもあるように「公教育は無償である」ということは，授業料や教科書代についてであることを伝えなければいけない。さらに，日本の学校では個人で購入しなければいけないものがたくさんあることを示さなければいけない。多くの学用品を個々に準備することを理解してもらい，またそれらを購入できるお店などを伝えればより親切であろう。もし，経済的な不安がある場合には就学援助等の紹介も，時には必要である。そのうえで「何も持たずに…」を「すぐにそろわなければ，しばらくは学校で貸し出すので，明日すべて持って来られなくても大丈夫ですよ」とつけ加えるべきであって，親切心で発した言葉から誤解を招くことを，スクールソーシャルワーカーも認識したうえで学校にも注意を促す必要がある。

　このように，当たり前と思っていることを，今一度初めての新鮮なこととして捉え直し説明ができるように，スクールソーシャルワーカーは学校スタッフへのサポートをする必要がある。

(2) 学校行事

　また，学校でのイベントについては前もって子どもと保護者へできるだけ具体的な情報を提供できるようにしたい。

> 　遠足の日，外国籍の子どもが周りの子どもたちを見て「みんなずるい」と担任に訴えてきた。詳しく聞くと，お菓子の予算が決められていて多くのお菓子は買えないはずなのに，みんな明らかに自分より多くのお菓子を持ってきており，ズルをしているというのである。

　たとえば，遠足の日，お弁当やお菓子を準備することはわかっていたとして，子どもが指定された金額でより多くのお菓子を準備するために，いわゆる「駄菓

子」を買いに行くことまでは把握しているだろうか。

　行事自体を理解していてもそれに付随する独特の習慣などについて，支援する側が再度見直す必要がある。スクールソーシャルワーカーがもう少し情報提供をすればよかったと後悔したこともある。

　このように支援者がマジョリティである場合には，自分にとって当たり前のこととして学校文化や学校の日常生活をとらえているので，つい見逃してしまう部分が多い。当たり前のことを再認識することは時としてむずかしいが，それをどのように注意していくかワーカーの感受性にゆだねられるところでもあろう。

　日本に来る外国籍のおおよその人たちは，日本の学校が4月から始まることを知っている。しかし，母国からよび寄せたりする時は母国での学年が一段落した後によぶことが多く，日本の学年の途中から転入してくることが多い。そのようなときに学校の流れがわかるような示し方をしてはどうかと考え，学校生活の1年の流れを大きく捉えて，学年ごとに多文化背景をもつ保護者への説明用の資料をつくるように提案したことがある。また，保護者にとって大事なところを翻訳してもらうことも大事であると考える。その蓄積が学校の財産になることも踏まえて，スクールソーシャルワーカーは学校へ具体的な対応策の提案もできるようでありたい。

2. 多文化共生を意識する

(1) 子どもの気持ち

　国際的な情報が瞬時に駆け巡る情報社会において，自国に関するニュースが子どもたちの関係性に多大な影響を及ぼすことを忘れてはならない。

　以下は，多文化背景をもつ子どもと仲のよかったクラスの子どもたちの間に，不信感が生まれてしまった事例である。

> 多文化背景をもつ子どもと仲のよいクラスであったが，中国食品の安全性や領土問題のニュースが流れるようになってから，クラスのなかで中国籍の子どもを避ける様子がみられるようになった。中国籍の子どもたちが，居づらさを訴えてきた。

　どの子どもにとっても祖国は自分のアイデンティティを確立するために不可欠であり，祖国を離れているからこそ愛国心がより強まることもある。そのような気持ちを大事にできるようにしていきたい。

また，とくに母親が外国籍であり日本人と結婚し，子どもが日本国籍をもっている場合で保護者の日本語の習得が子どもよりも遅く，直接的な表現しかできない場合，子どもが父親と父親の国の文化を優位に思うことがある。自分が日本人であることを非常に意識しながら学校生活を送る姿と，母親の国の文化を否定していく姿をみることがある。
　さらに外国籍の子どもが日本の文化に一生懸命溶け込もうとするあまりに，自分自身が日本人になりきろうとしている姿を見ることもあった。その子たちは家で家族と話すときも日本語を使い，家での食事も自国の献立より日本の煮物や味噌汁を毎日作ってほしいと母親に要求をしていた。この背景にはいったい何があるのだろうか。今一度国際学級の様子を紹介しながら考えてみたい。
　筆者が支援に入っていた中学校は多くの外国籍の子どもたちが通っており，国際級創設の草分け的な存在であり指導の経験もある学校だった。筆者の任期中には毎年十数名の子どもたちが国際学級で学んでいた。国籍もさまざまであり，共通言語が日本語であるため，日本語学習のよい環境であった。子どもたちは一般のクラスに在籍しているが，かれらの日本語水準では理解がむずかしいと思われる，国語や社会などの時間に「取り出し」という形で国際学級にやってきて，日本語の補習等を受けるという形をとっていた。かれらは日本在住の年月や日本語の上達の程度とは関係なく，本人が希望すれば卒業するまで国際学級を利用することができる。取り出し以外の時間は在籍しているクラスでの授業に出席している。
　国際学級ではとても生き生きとしている子どもたちが，クラスに入ると心なしか身をかがめ，隠れるように授業を受けていた。そのことについて複数の子どもたちに聞いてみると，一同に「目立たないように周りに溶け込むこと，周りと同じ行動をすることで問題を起こさないようにしている」とのことであった。この様子からは，日本の学校で共生をしていくよりも同化を求められているように感じられた。先ほどの日本人になりきろうとする子どもの姿とも重ね合わせると，やはりマジョリティの学校文化・生活文化に同化する事が求められているように思えてならない。
　よく小学校では金子みすずの詩を教材にして「みんなちがって，みんな，いい」と，お互いの違いを認め合うことを教え，教師もまたその点を自覚していると思われるが，実際のところスクールソーシャルワーカーに要請がかかる時は，日本

人であるなしにかかわらず，クラスで浮いている子ども・みんなとどこか違う子どもが支援の対象となってくる。一人ひとりの個性を重んじることより，クラス全体を運営することがクローズアップされてしまう。

　それを意識してか，無意識のうちか，子どもは日本人になりきろうと一生懸命になっている。自分を生きることがいかにむずかしいかを訴えているようにも思えてくる。まずその点を開放することから支援が始まるのではないか。

(2) 特別支援・発達障害

> 1か月前に両親と日本に来た子どものことで，担任からスクールソーシャルワーカーに相談があった。算数の計算などはできるが，集中力がなく指示を出してもボーっとしていることが気になるとのこと。担任は「発達障害ではないでしょうか」と話した。

　日本人であろうとなかろうと，クラスで立ち歩くことがあるとみんなと同じ行動ができないということで，その子どもは真っ先に問題視されてしまう。そして授業中にじっとしていられない，先生の話が聞けないとなれば発達障害を疑われることがしばしばある。この場合，日本人であるなしにかかわらず，まずは子どもを理解することが大切であると考える。なかでも特に多文化背景をもつ子どもたちについてはもっとよく吟味する必要があると思われる。たとえばその子どもが日本に来て日が浅く，日本語の勉強も始めたばかり，さらに低学年だったらどうであろうか。先生もクラスメイトも何をいっているのかさっぱりわからない教室にいて，不安を感じたり，何をしてよいのかわからなかったりすれば，じっとしていられないのは当たり前ではないだろうか。このような時に学校の配慮次第で収まることもあるので，すぐさま本人の問題と結論づけるのは早計であると思う。このような場合，子どもの状況を客観的にみてアドボケイトすることがスクールソーシャルワーカーには求められるだろう。

　さらに一歩進めて，クラスでおとなしく座っているから困っていないとはかぎらないこと，前に述べた国際学級の子どものように，無理をしていないか，本当はわからなくて困っていないか等を把握し，国際学級の教諭・担任・日本語指導者が子どもをしっかりと理解したうえで教育ができるように，チームづくりの橋渡しをすることもスクールソーシャルワーカーの担うところである。

第3節　スクールソーシャルワーカーの意識を高めるために

1．日々に行うこと

　日本社会のグローバル化，多様化に伴って，スクールソーシャルワーカーは国の内部だけではなく外に向けることを日々意識していなければいけないようになってきている。具体的にはどのような点を意識すべきなのであろうか。

　特に集住していない地域でもかかわりが徐々に増えつつあるなかで，さまざまな文化背景をもつ子どもたちと家族への支援においては，さまざまな国の事柄に目を向けてくことが大事であることはいうまでもない。しかし，日々の職務に追われてそれがむずかしく思われる。そのような現実をふまえて自らにも課していることは，常日ごろから「日本の国際化を意識する」ことである。

　初瀬によって提唱された『内なる国際化』の3側面の規定，①事実としての日常生活の国際化，②それに対応する心の国際化，および③状況を切り開いていく市民活動の国際化（初瀬，1996）は筆者には大いなるヒントとなっている。

　日本が迎えた国際化の時代から数十年の時を経た現在，初瀬が規定した3つの面は進んでいるかとふり返ることが大事ではないだろうか。その意義は，日本の歴史と切り離せない同化主義が教育の世界にまだ色濃く残っているのではないかという視点をもつことや，われわれマジョリティの支援者がもつ固定観念を知ることにある。

2．あらためて学ぶこと

　地域によっては近年特に多文化背景をもつ子どもたちが増えた学校もあると思われる。自分がかつて担当していた地域でも，多文化背景の児童・生徒の増加は東日本大震災後[2]近年顕著であり，スクールソーシャルワーカーの対応も増えていると予想される。

　また，スクールソーシャルワーカー活用事業自体が周知されるようになり，スクールソーシャルワーカーが多忙を極めるなかで，異文化に初めて接した時に慌てて相手の文化を学ぶことのほうが多いかもしれない。児童・生徒を理解する一つの切り口として，彼らの文化的背景を学び，彼らのふだんの生活スタイルを知

ることは，支援を展開するうえでの基本となる。

　相手の文化によっては，学校へ毎日行くことを重んじていなかったり，学校が知らないうちに帰国してしまったりなど，子どもへの教育について保護者の価値観が違うこともあったりする。そのような場合，学校側に不信感が生まれやすいが，それは「内なる偏見」によるものであるということに気づけるようにならなければいけないであろう。支援者がマジョリティである場合には，ことさらマイノリティである人たちに自分達の価値観の押しつけにならないようにしたい。しかしながら，こうした心構え自体，異文化に出会って初めてわかるものかもしれない。さらに，意識をいくらしてもけっして離れられない「自分の価値観」からわいて出てくるものを知り，初めて異文化を意識するのかもしれない。

　常に相手を理解する姿勢を持つことで，あらためて学ぶことではないだろうか。

3. 学校と協力をすること

　上記2点は概念的なことであったが，実際にはどのような具体的な提案ができるであろうか。かれこれ20年前，筆者の住居地では近隣に難民の定住施設があったことから，カンボジアやベトナム・ラオスからの人たちが住むようになり，学校生活のガイドブックを，健康診断のお知らせ等具体的な書類と対訳にしてつくっていたという経緯があった。また，前任地においては「学校からのお知らせにふりがながふってあれば読み方はわかるが，意味はわからない。」という声は常に聞こえていた。それぞれの民族を尊重し，差異に着目した多文化主義（コーポレイト型多文化主義　2003）ならば多言語での情報発信が必要という結論になるのだろう。そこで前任地においてもこのようなガイドブック的なものをつくってみてはどうかと提言をしてきたが，誰がどこにどの時点で依頼するか，その費用はどうするかと言う細かな点がきちんと定まらない限り進まないことでもあった。

　しかし，多文化背景をもつ子どもの在籍数が5名以下であることが多いなかで，学校が無理なくできることとして，少数の人たちに提示するべく翻訳した文章を国別にまとめて取っておき，将来の集大成ができるようにしていくのはどうであろうか。昨今児童支援のコーディネーターや専任職員が配置される学校が出てきているので，国際学級のない学校でもまとめ役ができるであろう。さらに国際級が有る学校では国際学級の先生がたが培ってきたことがたくさんあるだろう，それらをまとめてさらに次に活かせるように，支援者同士の具体的な連携をするき

っかけやチームづくりを，スクールソーシャルワーカーが発信することもできるのではないだろうか。

第4節　おわりに

　佐久間は「教育の本来の目標が，まさに個々人に内在している固有の資質の開花にあるとするならば，各自の個性に即した方法が目指されなければなるまい。そういう意味で教育とは本質的に個人主義的で多文化的な営みである。（…中略…）言葉は共通でも各自の個性は大いに異なり，本質的に多文化・多個性的な存在なのである」（2009）と述べているが，これは大いに共感するところである。

　「多文化・多個人的な存在」である子どもたちとのかかわりをもつスクールソーシャルワークで筆者が大切にしていることは，少数派の人たちは大勢のなかにまぎれて見落とされがちだと常に意識し，少数派に目を向けることである。

　しかし現在のスクールソーシャルワーカー活用事業の体制は，その多くが学校長の要請を受けてから支援が始まるというスタイルがほとんどである。今後どのようにアウトリーチをかけていくか，スクールソーシャルワーカーに与えられた環境でどのように動いていくかが課題であるとも思う。現場で実際に子どもと接し子どもの声――そのかすかな呟き――を拾い上げられるよう努力をしていきたい。

注
1) グローバリゼーションが進み，多様性が増すことにより一層柔軟な対応がなされるとことを期待し，スクールソーシャルワーカーが制度上定める範囲などを把握したうえで，当事者に制度を紹介することも大事であると考える。
2) 東日本大震災のあと日本での生活の危険性を感じて一時的に子どもを母国へ帰国させたり，家族で帰国したりした人もいたがその後戻ってきた人たちもいる。また，新たに来日する人も増加している。

高校生への自立支援とスクールソーシャルワーカー

第1節 高校ならではの問題とスクールソーシャルワーカーに期待されること

　子どもの貧困や家庭の養育力の脆弱性が問われているなかで，高校生の子どもたちについて，社会はどのようにみているのであろうか。2015（平成27）年6月，選挙権年齢を20歳以上から18歳以上に引き下げる改正公職選挙法が参議院本会議で可決され，成立した。高校生年代の子どもたちも一定「大人」として扱われ，社会への発言を期待されるが，スクールソーシャルワーカーが関与する子どもたちは声をあげることすらできず，大人になるための成長段階に必要な力を十分に獲得することができないまま，高校生という年齢に達している子どもが多いと感じている。

　近年少子化にもかかわらず，不登校やいじめ，暴力・非行問題，児童虐待など子どもや家庭の問題は山積し，年々深刻化，表出する件数は増加の一途である。そのようななか，2008（平成20）年度，文部科学省が予算化したことで全国的に広がったスクールソーシャルワーカーであるが，いまだ小中学校でさえ，子どもに関する問題に十分活用できるほどの予算体制は確保されておらず，ましてや高校においては，スクールソーシャルワーカーの存在すら周知されていないというのが現状である。

　筆者は，小中学校におけるスクールソーシャルワーカー活動を通して，義務教育期の子どもや家庭の問題の複雑さや深刻さに課題意識をもって対応してきたが，いざ高校に関与するようになると，さらに問題が悪化している現実を目の当たりにすることとなった。たとえば，小中学校時代に解決されないまま，積み残された課題を抱えて高校へと進学している子どもが存在する。また小中学校時代の支援が申し送られることなく滞り，支援のない環境のなかで本人の困り感が「問題行動」として扱われることになる事例もある。さらに，本来は小中学校時代から

支援が必要な子どもであったにもかかわらず，その必要性を周囲に気づかれることがないまま高校生になった子どもたちが意外に少なくないことを高校現場における活動を通して，あらためて感じている。

　子どもの貧困が社会的にクローズアップされるなか，小中学校では「経済的な問題」は家庭の問題として取り扱われてきたが，高校生になると，子どもの問題として非常に大きな割合を占めるという現状がある。高校進学は社会的に当たり前であるが，高校卒業資格がその先の進路に大きく影響を及ぼすことから，学業に専念すべき大切な時期である。しかし，義務教育ではないため，学業よりもアルバイトなどで収入を得ることを保護者から期待される子どもたちが存在する。また期待を超えて，義務として働いたお金を家計費としてあてにされ，さらに保護者の遊行費として搾取される子どもたちも存在する。そのような状況に耐えられず，家を飛び出す子どもたちは「家出」として問題視される。友だちや先輩を頼り居場所を点々とする子どもたちは，しだいに学校から足が遠ざかり「不登校」や「怠学」として取り扱われていくのである。食を得るために，時給の上がる深夜のアルバイト，一般的なアルバイトでは得られないお金を手にする手段として，高校生を狙ったビジネス等の罠に陥り，新たな傷を負う子どもたちは，さらに「非行」として指導対象となっていくのである。このように経済的な問題から二次的な問題が発生するなど，高校生年代における「経済的な問題」は，非常に深刻に捉えなければならない。

　大阪府は条例において，経済的な問題を子どもの成長発達を阻害する要因と捉え，「虐待」として位置づけている。しかし，高校生年代になると，虐待通告を行ったとしても，児童相談所（以下，児相）等の対応は，「子ども自身の課題」や「子どもの意思の尊重」を理由に，積極的な介入にはいたらない事例が多いと感じている。

　児童福祉法においては，原則として子どもとは18歳未満を指し，児童福祉法に位置づけられている機関は，18歳の誕生日を機に支援終了となる。ある高校教員は「４月に18歳の誕生日を迎える子どもは，この先の残された一年間，支援をどこにお願いすればいいのか」と戸惑いをあらわにしていた。多くの制度が子ども【18歳未満】と成人【20歳以上】とで分けられている現実があり，その狭間に置かれた高校生年代の子どもたちが相談に行き，支援を受けることができる機関が圧倒的に少ないというのが現実である。

そのような脆弱な子ども支援体制のなか、義務教育ではないために、高校生は学校から簡単に切れてしまうおそれがある。高校中退後、どこにも所属先をもたずに社会に出たものの、準備が不十分で社会に適応できない子どもたちが数多くいるのである。こうした現実のなかで、スクールソーシャルワーカーは、高校在学中にできる支援、高校から離れたのちに社会で自立して生活を送るために必要な支援、すなわち個別の相談援助活動や、関係機関とのネットワーク形成を行う必要がある。子どもたちから簡単に手を離さない支援をスクールソーシャルワーカーは期待されているであろう。

第2節　事例から

1．事例　家計を支える高校生

> 高校3年生の男子A。小学生の時に母親を病気で亡くしてから、4歳下の弟と父親の三人暮らしである。父親の仕事の詳細は不明であるが、収入は安定しておらず、数年前から3人が暮らすアパートの家賃は、父方祖父が年金を切り崩して支払っていた。しかし、祖父母の生活にも支障ができてきたことから、経済的支援はもうできないとの申し出があり、家賃は滞り、とうとう退去を迫られることとなった。Aは、アルバイトをしながら家計を支えてきたが、退去命令が出たことにより、高校生活が存続できないかもしれない危機感を覚え担任に相談、スクールソーシャルワーカーが関与することとなった。

Aが所属する高校では、子どもの困り感をまず保健部で集約してから支援方針を考える仕組みがあり、校内でAの問題についても保健部のメンバーを中心に支援策について検討を進めていた。Aが在住する地域の役所への相談や、弟が在籍する中学校からの情報収集などはすでに行っていた。しかし、解決策が見いだせないため、スクールソーシャルワーカーに相談するにいたったとのことである。

相談を受けたスクールソーシャルワーカーは、早速Aに対する作戦会議を校内で開き、かかわりのある教員から、これまでの経過や現状の確認を行うと共に、情報整理を教員と共に行っていった。

Aは現在、父子家庭で中学生の弟と三人暮らしである。母親は、Aが小学生の時に病気のため死別しており、その後父親がひとりで二人の子育てを懸命にして

きたことが経過からはうかがえた。しかし，父親は金銭管理を計画的に行うことがむずかしく，父親が自分で得た収入は煙草やお酒に費やし，家賃やその他の生活費の不足分に関しては，祖父の年金やAのアルバイト代をあてにしていることが明らかとなっていった。中学校から得た情報では，弟からは現状について危機感を感じる様子はなく，クラブを休みがちになっていることは気になるが，それ以外のことは，中学校では把握できていないことが確認できた。この段階で得られた情報から確認できた事実をもとに，スクールソーシャルワーカーが教員とアセスメントを行った結果は以下の通りである。

①Aはやさしく責任感が強いため，家事分担が多く，また自分自身の日々のお小遣いや卒業後の生活資金のために行なっているアルバイト代を生活費に充てざるを得ない状況に追い込まれている。父親が嗜好品に費やすお金のために生活費が圧迫し，Aのアルバイト代をあてにすることは，経済的な虐待にあたるのではないか。

②このまま家賃を支払うことが不可能でれば，強制退去になるため，子どもたちが生活の場を失うことになるが，それに対して父親が自分から動こうとしている様子がなく，子どもたちの生活環境を守るために動かないことは不適切な養育といえるのではないか。

③学校は父親に対し，生活保護制度について情報提供を行ったが，手続きを進めることはなく，また金銭管理も不十分であることから，手続きや管理が苦手なのかもしれない。

④これまで金銭面で頼りにしていた祖父母から支援を打ち切られているが，他に相談できる人はいないのかもしれない。

以上のように，Aの問題は，経済的な問題が子どもの育ちや将来へ影響を与える可能性があるのではないかということから，福祉機関との連携を模索するため，スクールソーシャルワーカーは教員と共に具体的な動きについての相談をさらに進めていった。

高校において，経済的な問題を発見したとしても，直接的な介入や支援などの役割には限界がある。そのため，いかに制度や資源を活用するか，機関との連携を進めていくかを検討しなければならない。Aの家庭の場合，学校は父親に対して生活保護の申請について情報提供すると共に，Aを同伴し，教員が役所の窓口へ相談に出向いているが，実際に保護者である父親が申請に行かないために手続きを進めることはできなかった。父親は，教員の働きかけに対し，拒否的な態度

ではないものの，状況は一向に変わらないままであった。このように学校としてできることは進めてきた経過があるが，事態は前に進まないため，学校以外の機関との連携が必要であるとスクールソーシャルワーカーは考えた。しかし，義務教育を終えた高校生の子どもの相談を受けてくれる機関が非常に乏しいのが現状である。

　そこで，高校が単独で機関にはたらきかけるよりも弟のいる中学校とともに，機関への相談を行うことを検討，生活の基盤である家を失うかもしれないという深刻な状況を中学校と相談し，一緒に児相に働きかけることとした。

　ところが，経済的な問題が主訴となるものについて，児相が関与することは非常にむずかしいことを目の当たりにするのである。児童虐待の対応など緊急性の高い問題が年々増加するなかで，児相職員は多忙を極めており，優先順位として，ある一定年齢以上の子どもの相談や対応は，命にかかわる問題でない限り介入が困難であるという事情も理解できる。しかし，家を失うかもしれないという問題は，卒業を目前に控え，高校を中退しなければならないかもしれないという子どもにとっては人生に影響を及ぼすかもしれない重大事態であり，スクールソーシャルワーカーとしては，関係機関の力が必要であると強く感じていたのである。

　中学，高校の教員が児相の担当者に対して父親への関与を要請するものの，「学校が父親や祖父ともっと話合いをもって，問題解決をしてください」といわれ，相談の受付にいたることが困難であった。学校としては，そのような対応に愕然として，どうすればいいのかとふりだしに戻ったような不安感に襲われるが，スクールソーシャルワーカーとしては，一度であきらめることなく，現状の厳しさや子どもの最善の利益が守られないことを再度児相に訴え続けるようにと，後ろから背中を押し続けた。スクールソーシャルワーカーは，学校や子どもの代弁者として児相に直接はたらきかけることや，児相が動かなければ，スクールソーシャルワーカーが父親へアプローチすることも視野に入れながらも，活動回数に制限があるため，あえて学校が主体となって子どもの問題に向き合うことを支援することとした。

　一方でスクールソーシャルワーカーは，この間に，生活保護制度以外に経済的な問題を支援するために使える制度や資源をリサーチしていった。

　こうしたはたらきかけの結果，数回にわたる学校からのアプローチを受け，児相の担当者が担任と共にA宅へ家庭訪問し，父親と話し合いの場をもつことがで

きたのである。

　児相の担当者は，父親が一人で生活保護等の手続きをすることが困難であると見立て，生活保護の申請に同行を試みたが，次の困難として，申請に必要な所得にかかわる書類等を父親が用意できないという問題が生じた。ようやく，保護者である父親が窓口へ行くことができたものの，書類が提出できないために，生活保護受給にいたれないのである。しかしながら，一つ成果が得られた。児相の担当者が父親と役所に相談するなかで，母親の死去後，申請すれば受け取ることが可能であった児童扶養手当の手続きをしていなかったことが判明し，新たに申請をすることで，遡って受給できるというのである。実際の受給までには数か月を要するということであるが，子ども二人分の受給金額はまとまった金額となり，先々の見通しをもつことができたのである。

　しかし，まとまったお金が入り，滞っていた分の家賃を一時的に支払ったとしても，現状のような生活を繰り返していれば，また同じ問題に直面することは想像できる。そうならないためには，生活の改善が必要であることを父親にも理解してもらわなければならない。そこで，これまでの住居は家賃が比較的高額であったため，退去日までに，生活に見合う家賃の住宅を探し，転居することを一つの方法として提案した。この間，児相の担当者と教員がともに父親への働きかけを行っていったのである。

　支援が動き出した一方で，これまで何度も父親に裏切られた経過のあるAにとっては，本当に新たな生活が始まるのかと心配が絶えず，またこの間にも，本人のアルバイト代を父親が抜き取るということがあり，本当に卒業まで無事に高校生活を送ることができるのかなど，Aの不安は募るばかりであった。日ごろ，気丈にふるまってきたAもさすがに不安を隠すことができず，落ち込む様子が顕著になってきたため，担任やクラブ顧問，養護教諭がその都度話を聴いているとのことであったが，教育とは違う立場であるスクールソーシャルワーカーが本人と話をすることで，不安を軽減することができるのではないかと，教員よりスクールソーシャルワーカーへ相談があった。

　スクールソーシャルワーカーは本人と話をするなかで，以下のような見立てを行うと共に，次のアクションを起こしていく必要性を感じていった。

①ようやく転居に向けて父親が家探し始めた様子であるが，引越し業者に頼むための費用がないことや，父親も弟も家の中を片づけることを一切しないため，

荷物をどうしていいのかわからないなど，新たな生活をスタートすることへの見通しがもてないことから，不安ばかりが増大していること。
②これまでは，困ったことがあった場合に，所属する学校の教員に相談をしてきたようであるが，それ以外に相談できる大人がいないため，卒業後の困りごとに対して，頼る先がないのではないか。

以上の見立てから，本人と具体的な転居までの見通しを考えていくことと，高校卒業後を想定し，地域のなかに相談者を確保することをスクールソーシャルワーカーから本人に提案した。

本人に適切な資源や機関，相談者を紹介するにあたっては，個人情報を取り扱うことにもなるため，A本人の同意を得るとともに，保護者の同意を得る必要があった。教員の他にスクールソーシャルワーカーが関与していること関係機関との情報共有を進めることについては，教員を介して父親の同意を得ることで，具体的な機関連携を進めていった。

スクールソーシャルワーカーは，転居や本人の今後の相談窓口になりえる機関をリサーチしたうえで，あらかじめ社会福祉協議会に相談し，地域において制度の狭間にある問題の相談に乗ることが可能なコミュニティソーシャルワーカーの存在を確認した。Aのようなどこに相談に行っていいのかわからないような事例に対して，まずは，相談先となる可能性があることを確認した。そのうえで，スクールソーシャルワーカーはAとともに社会福祉協議会へ同行訪問し，Aが直接，コミュニティソーシャルワーカーに具体的な相談をする機会をもつにいたった。

スクールソーシャルワーカーは，活動時間や回数に制限があり，日々の相談対応が物理的にむずかしいという問題がある。また，高校在学中しか相談援助ができないため，地域で活動するコミュニティソーシャルワーカーと本人がつながることで，日々の生活の困りごとを高校卒業後にも相談できるという安心感がもてるのである。さらに，困った時には，相談できる場所があるということを本人に体験しておいてほしいという願いがあったのである。

こうして，転居に向け，荷造りをどうするか，転居にまつわる諸手続きをどうするかなどを教員，スクールソーシャルワーカー，コミュニティソーシャルワーカーが関与するなかで，一つひとつ解決していった。また，支援者の存在や具体的な動きを感じ始めた父親は，転居の日に使うトラックを知人から借りるなど，積極的に動きだしたのである。転居当日は，父親，弟をはじめ，教員，コミュニ

ティソーシャルワーカー，スクールソーシャルワーカーがボランティアと共に手伝いに参加し，業者に頼ることなく，無事に終えることができたのである。

　無事に転居を終え，当初の短期的な目標は達成できたものの，今後同じ問題を繰り返さないための支援を検討する必要があったため，現状の再アセスメントをスクールソーシャルワーカーは教員とともに校内ケース会議のなかで行った。
①転居に向けて，さまざまな支援者が家庭全体にかかわることで，父親の様子に変化がみられ，目の前の問題に向き合うようになってきたことから，今後も支援を継続することで，生活の改善が見込まれるのではないか。
②転居により，行政地区が変わったことで，支援機関（担当者）も変わることになり，支援が途絶える可能性がある。現状として危機的な状況は回避されたが，今後も支援を継続していくためには，丁寧な引き継ぎが必要ではないか。

　以上のことから，関係機関との連携ケース会議を開催することをスクールソーシャルワーカーが提案し，高校，中学校の教員をはじめ，関係機関の前担当者と転居先の新たな担当者と共に，支援経過の確認と今後の支援について検討する場をもつに至った。こうして，支援体制をスムーズに移行することができ，転居後もコミュニティソーシャルワーカーが定期的な家庭訪問を続けることで，同じ問題を繰り返さないように見守り体制をつくることができたのである。

　その後，Aは笑顔で卒業式を迎え，社会人としての一歩を踏み出していった。

2．事例のポイント

　この事例についての支援のポイント視点は以下の4点である。

(1) 本人主体の視点

　高校生年齢になると，小中学校の支援とは異なり，自分の言葉で困り感やこれまでの経過を語ることができるようになる。また，してほしいことやしてほしくないことへの意思表示も明確になってくるため，本人の意思を尊重した支援を行うことが大切となる。そのため，可能なかぎり直接本人から事情や困り感，今後の意向を聞き取り，その都度，本人と相談しながら支援の方向性を検討しいった。また，学校という守られた空間から，社会という自分自身で切り開いていかなければならない生活に向けて，相談できる機関の存在や相談の体験をすることで，今後も困った時に，自らSOSを発信する力をつけることも目的においたことである。

(2) 家族支援の視点

　父親は，子どもたちの生活を守ることと向き合えずに，子どもの金銭をあてにするという暮らしを続けてきたため，本来指導が必要な保護者であった。しかし，父親にも支援が必要であるという視点でかかわることで，父親は孤立した養育環境から支援者の存在を受け入れ，問題に向き合い，前向きな対応に変化していった。また，中学では問題として取り上げられることのなかった弟についても視野を広げたことで，家族全体を支援する体制が整っていったといえる。

(3) 学校支援の視点

　スクールソーシャルワーカーは，学校のなかから発見される子どもの問題に対応するのは当然であるが，子どもが生活の大半の場を過ごす学校という環境についても働きかけることが大切である。経済的問題という学校が関与，介入が困難な事例に対し，機関につなげれば終わりではなく，学校が支援機関と顔のみえる関係をつくることを支援することや，機関につながるにはどのような手順を踏めばよいのかをスクールソーシャルワーカーの動きとともに体験することで，A以外の問題に対しても関係機関との連携がスムーズにとれるようになっていった。

(4) 関係機関との連携の視点

　ひとことで連携といっても，学校と関係機関が継続的につながる関係づくりは簡単なものではなく，いかにつながり続ける体制を構築するかというのが課題である。この事例においては，Aと家族の支援が一過性のもので終わることがないように，担当者が変わっても支援が継続するようにカンファレンスでお互いに顔のみえる関係を構築すると共に，今後のリスクを視野にいれた役割分担を検討したことである。

第3節　おわりに

　高校生の事例は，非常に解決が困難な状況まで悪化しているケースが多い。

　高校は義務教育ではないため，簡単に支援が途切れ，学校から手が離れ社会に放り出される危険を伴っている。しかし，支援機関は少なく，高校でのスクールソーシャルワーカー活用もまだ限られている現実があるため，一人でも多くの子どもが安心して社会で自立した生活を送ることができるように，最後の砦ともいえる高校においてスクールソーシャルワーカーの活動が広がることを期待したい。

付　　録

資料1　ソーシャルワークのグローバル定義・日本社会福祉会「倫理綱領」における「価値と原則」・スクールソーシャルワークのガイドライン（抜粋）

1．国際ソーシャルワーク学校連盟（IASSW）・国際ソーシャルワーカー連盟（IFSW）によるソーシャルワークのグローバル定義

> ソーシャルワークは，社会変革と社会開発，社会的結束，および人々のエンパワメントと解放を促進する，実践に基づいた専門職であり学問である。社会正義，人権，集団的責任，および多様性尊重の諸原理は，ソーシャルワークの中核をなす。ソーシャルワークの理論，社会科学，人文学，および地域・民族固有の知を基盤として，ソーシャルワークは，生活課題に取り組みウェルビーイングを高めるよう，人々やさまざまな構造に働きかける。
> この定義は，各国および世界の各地域で展開してもよい。

（出所）日本社会福祉教育学校連盟・社会福祉専門職団体協議会訳
日本社会福祉士会，日本精神保健福祉士協会，日本医療社会福祉協会，日本ソーシャルワーカー協会　2014年5月，IASSWへ堤出済み最終版

2．日本社会福祉士会の「倫理綱領」における「価値と原則」

> 1．（人間の尊厳）
> 社会福祉士は，すべての人間を，出自，人種，性別，年齢，身体的精神的状況，宗教的文化的背景，社会的地位，経済状況等の違いにかかわらず，かけがえのない存在として尊重する。
> 2．（社会正義）
> 差別，貧困，抑圧，排除，暴力，環境破壊などの無い，自由，平等，共生に基づく社会正義の実現を目指す。
> 3．（貢献）
> 社会福祉士は，人間の尊厳の尊重と社会正義の実現に貢献する。
> 4．（誠実）
> 社会福祉士は，本倫理綱領に対して常に誠実である。
> 5．（専門的力量）
> 社会福祉士は，専門的力量を発揮し，その専門性を高める。

（出所）公益社団法人日本社会福祉士会ホームページの「倫理綱領」から

資料 I

3．SSWガイドライン（試案）

1．趣旨
(1) SSW導入の背景
不登校，いじめや暴力行為等問題行動，子供の貧困，虐待等の背景には，児童生徒の心理的な課題とともに，家庭，友人関係，学校，地域など児童生徒の置かれている環境に課題がある事案も多い。その環境の課題は，様々な要因が複雑に絡み合い，特に，学校だけでは問題の解決が困難なケースも多く，積極的に関係機関等と連携して対応することが求められており，福祉の専門家であるSSWの役割に大きな期待が寄せられている。
(2) SSW導入のねらい
ソーシャルワークは，人間の行動と社会システムに関する理論から，問題を個人と環境の折り合いが良くない状態として捉え，その状態解消のため，個人の環境への適応力を高める支援と，環境に働き掛けて問題を解決できるように調整する援助を行っていくものであり，スクールソーシャルワークは，それを学校等の教育現場を基盤として行うものである。SSWは児童生徒のニーズを把握し，個人に働き掛けるだけではなく，学校組織など仕組みにも働き掛け，家庭の生活環境等や，個人と環境との関係性にも働き掛ける視点を持つということ求められる。SSWの活動目標は，児童生徒の一人一人のQOL（生活の質）の向上とそれを支える学校・地域をつくることである。その達成のためには，教育現場及び家庭環境の安心・安全の向上の２つが果たされなければならない。

2．SSWの職務内容
SSWが行う援助の考え方は，SSWが面接や家庭訪問を行ったり，自ら関係機関等とつなぐ等の児童生徒や家庭を支援する直接的な援助と，児童生徒や家庭が課題解決していけるよう，学校に対し，支援体制づくりや専門的な助言，関係機関等との連携の仲介をするという間接的な援助に分けられる。直接的な援助と間接的な援助の双方を効果的に行うことが重要である。

(出所)『児童生徒の教育相談の充実について〜学校の教育力を高める組織的な教育相談体制づくり〜（報告）』，教育相談等に関する調査研究協力者会議　平成29年1月　p.40

資料2　参考文献等一覧

　本書を編集するにあたり，編者らが参照したソーシャルワークの主な雑誌文献等を掲載しておきたい。ソーシャルワークに関する研究成果の累積は膨大なものがあるが，「児童・家庭福祉施設」，「ソーシャルワーク」，「社会福祉士」「スクールソーシャルワーク」を主なキーワードとし，編者らの問題意識に重なるものがあった論文は以下の通りである。本書の注にあげたものもあるが，特に取り上げていないものもある。記して感謝申し上げたい。

【ソーシャルワーク研究】　相川書房　創刊号(1975年)～42(4)(2016年)
黒川昭登　1982　ソーシャルワークと社会福祉施設——Residential Care Work の専門性ソーシャルワーク研究　8(1)，19-24．
根本博司　1986　施設ケアとソーシャル・ワーク——その実態と二者の関係　ソーシャルワーク研究　12(1)，4-9．
北川清一　1994　生活型児童福祉施設におけるソーシャルワーク実践の基本構造　ソーシャルワーク研究　20(1)，10-15．
北島英治　1994　家族ソーシャルワークとは何か——家族療法との比較から　ソーシャルワーク研究　20(2)，125-133．
田中禮子　1994　家族支援とソーシャルワーク——児童ソーシャルワークの社会資源としての家族支援施策　ソーシャルワーク研究　20(2)，96-102．
北川清一　2000　子どもの福祉とソーシャルワーク——児童養護施設における自立支援計画の策定をめぐって　ソーシャルワーク研究　25(4)，323-331．
小林　理　2008　子どもと家庭のセーフティ・ネットと子育て支援　ソーシャルワーク研究　34(3)，193-201．
横山豊治　2011　社会福祉士資格がソーシャルワークにもたらしたもの　ソーシャルワーク研究　37(2)，103-110．
米本秀仁　2012　生活型福祉施設のソーシャルワークのゆくえと展望　ソーシャルワーク研究　38(2)，80-90．
伊藤嘉余子　2012　生活型福祉施設におけるソーシャルワークの介入と調整——児童養護施設実践に焦点をあてて　ソーシャルワーク研究　38(2)，100-106．

【社会福祉士】　創刊号(1994年)～第23号(2016年)
横山豊治　1996　社会福祉士の専門職化への課題　社会福祉士　3，13-21．
植田寿之　2000　ソーシャルワークを実践する組織の課題克服に向けての考察——スーパービジョンの戦略的活用についての試論から　社会福祉士　7，145-151．
池田恵利子　2002　能動的権利擁護論の必要性と社会福祉士の支援——社会福祉の普遍化をめぐって　社会福祉士　9，63-71．
植戸貴子　2002　エンパワメント志向の社会福祉実践——利用者－ワーカー関係のあり方についての一考察　社会福祉士　9，72-78．
保正友子・横山豊治・高橋幸三郎・ほか　2002　社会福祉士の成長過程についての検討——専門的力量はどのように形成されるのか　社会福祉士　9，143-148．
石田慎二　2006　保育所の子育て支援に対する意識とソーシャルワーク機能に関する考察　社会福祉士　13，109-115．

資料 2

新崎国広　2007　地域福祉の推進における社会福祉士の役割と可能性——コミュニティソーシャルワークの視点からの思索　社会福祉士　14, 149-154.
横山豊治　2007　同一事例に対するソーシャルワーカーの見解の比較——若手とベテランへのインタビュー調査より　社会福祉士　14, 189-197.
堀越敦子　2012　ソーシャルワーカーが自らの援助基盤を構築するプロセス——他の援助者との援助差の認識を手がかりとして　社会福祉士　19, 26-34.
高木浩之　2016　社会福祉士養成における実習分野間格差の検証——相談援助実習の教育に含むべき項目の分析を中心に　社会福祉士　23, 4-11.

【社会福祉学】　日本社会福祉学会　52(1)(2011年)〜57(4)(2016年)
橋本真紀　2011　地域を基盤とした子育て支援実践の現状と課題——地域子育て支援拠点事業センター型実践の検証から　社会福祉学　52(1), 41-53.
髙良麻子　2013　日本の社会福祉士によるソーシャル・アクションの認識と実践　社会福祉学　53(4), 42-53.
髙良麻子　2015　社会福祉士によるソーシャル・アクションの体系的把握　社会福祉学　56(2), 126-140.
鈴木浩之　2016　子ども虐待に伴う不本意な一時保護を経験した保護者の　折り合いのプロセスと構造——子ども虐待ソーシャルワークにおける　協働　関係の構築　社会福祉学　57(2), 1-13.

【子ども家庭福祉学】　日本子ども家庭福祉学会　創刊号(2001年)〜15(2015年)
松岡俊彦　2007　保育ソーシャルワークを再考する——統合保育の実践から学ぶもの　子ども家庭福祉学　7, 75-80.
金子恵美　2010　地域における子ども家庭支援ネットワークの展開に関する研究——東京都子ども家庭支援センターとイングランドのファミリーセンター等の比較　子ども家庭福祉学　9, 15-24.
新川泰弘　2011　地域子育て支援拠点における利用頻度と子育ち子育て環境との関連性——ファミリーソーシャルワークの視点から　子ども家庭福祉学　11, 35-43.

【その他】
土田美代子　2016　保育現場におけるソーシャルワーク支援の可能性と課題　社会福祉研究　127, 11-19
日本学校ソーシャルワーク学会編　2015　学校ソーシャルワーク実践の動向と今後の展望を初め，2006年に同学会が設立されてからの各年度の学校ソーシャルワーク研究

＊雑誌論文ではないが，岡本民夫監修，平塚良子他編　ソーシャルワークの理論と実践——その循環的発展を目指して——（2016年，中央法規出版）の247〜276ページの座談会記録中での特に小山　隆氏の発言は本書の企画の原動力の一つとなった。記して感謝申し上げたい。

引用（参考）文献

第1章
木下大生・藤田孝典　2015　知りたい！ソーシャルワーカーの仕事　岩波ブックレット，NO.924
文部科学省　2016　平成27年度　児童生徒の問題行動等生徒指導上の諸問題に関する調査(速報値)
櫻井慶一　2015　あらためて子ども子育て支援の意味について考える　全国保育協議会（編）　平成27年度　公立保育所トップセミナー　研修要覧　p71.
櫻井慶一　2016　「保育ソーシャルワーク」の成立とその展望―「気になる子」等への支援に関連して―　文教大学生活科学研究所紀要　第38集，p2.
櫻井慶一　2016　児童・家庭福祉の基礎とソーシャルワーク　学文社
田村和之　2016　児童福祉法2条2項の新設への懸念―児童福祉法　2016年5月改正―　保育情報　2016年6月号　p6-8.
全国保育協議会　2012　全国の保育所実態調査報告書2011
　　http://www.zenhokyo.gr.jp/cyousa/201209.pdf(2017年2月1日閲覧)

第2章
堀越敦子　2012　ソーシャルワーカーが自らの援助基盤を構築するプロセス―他の援助者との援助差の認識を手がかりとして―　社会福祉士19．p27-34.
厚生労働省　2011　社会的養護の課題と将来像
　　http://www.mhlw.go.jp/stf/shingi/2r9852000001j8zz.html(2016年9月2日閲覧)
宮崎正宇　2010　児童養護施設職員の専門性とは　子どもと福祉3，p73-76.
宮崎正宇　2014　児童養護施設における協同実践とは　子どもと福祉7，p10-11.
櫻井慶一　2016　児童・家庭福祉の基礎とソーシャルワーク　学文社
髙良麻子　2013　日本の社会福祉士によるソーシャル・アクションの認識と実践　社会福祉学53(4)，p42-53.

第3章
文部科学省初等中等教育局児童生徒課　2015　学校における教育相談に関する資料(平成27年12月17日)
　　http://www.mext.go.jp/b_menu/shingi/chousa/shotou/120/gijiroku/__icsFiles/afieldfile/2016/02/12/1366025_07_1.pdf(2017年2月2日閲覧)
中山芳美　1984　教育福祉と教育行政　鈴木英一(編)　現代教育行政入門　勁草書房　p181.
小川正人　2016　子どもの貧困対策と「チーム学校」構想をめぐって―教育行政学の立場から―　スクールソーシャルワーク評価支援研究所(編)　すべての子どもたちを包括する支援システム　せせらぎ出版　p18-37.
岡村重夫　1963　社会福祉学(各論)　柴田書店　p153-154.
大崎広行　2013　スクールソーシャルワーカーへの期待　児童心理第67巻第9号　金子書房　p133-137.
大崎広行　2016　教育福祉と教育行政―教育と福祉の間をどう埋めるか―　小松茂久(編)　教育行政学[改訂版]　昭和堂　p119-136.
大崎広行　2016　スクールソーシャルワークの歴史と動向　山野則子・野田正人・半羽利美佳(編著)　よくわかるスクールソーシャルワーク(第2版)　ミネルヴァ書房　p42-45.
大谷圭介　2016　すべての子どもを包括する支援システム学際的議論－「学校プラットフォーム」の意味とは－　ソーシャルワーク評価支援研究所編　すべての子どもたちを包括する支援システム　せせらぎ出版　p57.
鈴木庸裕(編著)　2015　スクールソーシャルワーカーの学校理解　ミネルヴァ書房

第4章
松本實　2001　保育園とソーシャルワーク　日本ソーシャルワーカー協会　会報No.65．寄稿文p6-7.
松本實　2003　子育てサークル支援とコミュニティスペース　全国社会福祉協議会　地域子育て支援事例集「やってみようよ子育て支援」　p75-84.
松本實　2007　子育て支援の取り組み　佐藤進・小倉襄二(監修)　山路克文・加藤博史(編)　現代社会保障・福祉小辞典　法律文化社　p154.

第5章
厚生労働省　2015　児童養護施設入所児童等調査の結果(平成25年2月1日現在)

引用（参考）文献

　　　　http://www.mhlw.go.jp/file/04-Houdouhappyou-11905000-Koyoukintoujidoukateikyoku-Kateifukushika/0000071183.pdf（2017年2月2日閲覧）
全国乳児福祉協議会　2015　改訂新版　乳児院養育指針
全国社会福祉協議会　2003　乳児院における家庭支援専門相談員ガイドライン

第6章
長瀬正子　2013　児童養護施設における担当職員によるアドボカシー　堀正嗣（編著）　子どもアドボカシー実践講座　解放出版社　p150-153.
谷口泰史　2003　エコロジカル・ソーシャルワークの理論と実践―子ども家庭福祉の臨床から―　ミネルヴァ書房

第7章
長谷川眞人（編著）　2009　地域小規模児童養護施設の現状と課題　日本福祉大学長谷川眞人ゼミナール研究報告　福村出版
厚生労働省　2012　児童養護施設等の小規模化及び家庭的養護の推進のために(社会保障審議会児童部会社会的養護専門委員会とりまとめ)

第8章
石川結貴・高橋亜美（編著）　2013　愛されなかった私たちが愛を知るまで　かもがわ出版
厚生労働省　2011「社会的養護の課題と将来像」児童養護施設等の社会的養護の課題に関する検討委員会・社会保障審議会児童部会社会的養護専門委員会とりまとめ(平成23年7月)の概要とその取組の状況
長瀬正子　2015　社会的養護の当事者支援ガイドブック　CVV
西田芳正（編著）　2011　児童養護施設と社会的排除　解放出版社
NPO法人社会的養護の当事者参加推進団体　2009　「日向ぼっこ」と社会的養護　明石書店
折出健二　2015　そばにいる他者を信じて子は生きる　ほっとブックス新栄
下野新聞子どもの希望取材班　2015　貧困の中の子ども　ポプラ新書
高橋亜美・早川悟司・大森信也　2015　施設で育った子どもの自立支援　明石書店
鳥居　2016　キリンの子　KADOKAWA
渡井さゆり　2010　大丈夫　徳間書店
渡井さゆり　2014　「育ち」をふりかえる　岩波新書

第9章
井上直美・井上薫（編書）　2008　子ども虐待防止のための家族支援ガイド　サインズ・オブ・セイフティアプローチ入門　明石書店
子どもの虹情報研究センター　1997　児童虐待における家族支援に関する研究―児童福祉施設での取り組み―（平成19年度研究報告書）
子どもの虹情報研究センター　1998　児童虐待における家族支援に関する研究　第2報　―児童福祉施設と児童相談所の連携をめぐって―（平成20年度研究報告書）
厚生労働省雇用均等・児童家庭局通知　2012　情緒障害児短期治療施設運営指針
ニキ・ウエルド，ソニア・パーカー．井上直美（編著）　2015　「三つの家」を活用した子ども虐待のアセスメントとプランニング　明石書店
全国情緒障害児短期治療施設　2013　心理治療と心理教育　全国情緒障害児短期治療施設研究紀要　第21号　p83-92.

第10章
全国自立援助ホーム協議会ハンドブック作成実行委員　2013　自立援助ホームハンドブックさぽおとGuide―実践編―　全国自立援助ホーム協議会

第11章
厚生労働省　2012　厚生労働省社会保障審議会児童部会社会的養護専門委員会とりまとめ「児童養護施設等の小規模化及び家庭的養護推進のために（概要）」
　　　　http://www.mhlw.go.jp/seisakunitsuite/bunya/kodomo/kodomo_kosodate/syakaiteki_yougo/dl/working4.pdf（2017年2月2日閲覧）
厚生労働省　2014　社会的養護の現状について（参考資料）
　　　　http://www.nhlw.go.jp/bunya/kodomo/syakaiteki_yougo/dl/yougo_genjou_01.pdf（2017年2月2日閲覧）
大下由美・小川全夫・加茂陽（編著）　2014　ファミリー・ソーシャルワークの理論と技法　社会構成主義的観点から　九州大学出版会

引用（参考）文献

第12章
厚生労働省　2017　社会的養護の現状について（参考資料）
　　http://www.mhlw.go.jp/file/06-Seisakujouhou-11900000-Koyoukintoujidoukateikyoku/0000154060.pdf（2017年4月20日閲覧）
マイク・スタイン著／池上和子（訳）　2015　社会的養護から旅立つ若者への自立支援　福村出版
長谷川眞人・吉村　譲・吉村 美由紀・伊藤 貴啓（編集）　2013　生活を創る子どもたちを支えて―社会的養護を支援する「NPO法人こどもサポートネットあいち」の5年間　福村出版
特定非営利活動法人日本子どもNPOセンター（編）　2015　子どもNPO白書2015（創刊号）　エイデル研究所

第13章
門田光司・奥村賢一　2014　スクールソーシャルワーカー実践事例集―子ども・家庭・学校支援の実際　中央法規
厚生労働省　2017　社会的養護の推進に向けて
　　http://www.mhlw.go.jp/file/06-Seisakujouhou-11900000-Koyoukintoujidoukateikyoku/0000154058.pdf（2017年4月20日閲覧）
文部科学省　2008　スクールソーシャルワーカー実践活動事例集　www.mext.go.jp（2017年3月1日閲覧）
村尾泰弘　2014　家族臨床心理学入門―精神分析からナラティブ・セラピーまで　北樹出版

第14章
香川克「不登校の状態像の変遷について―方向喪失型の不登校という新しい型―」心理社会的支援研究　第2号，京都文教大学，2012年，pp.9-11.
文部科学省　2010　児童生徒の問題行動等生徒指導上の諸問題に関する調査-用語の解説
　　http://www.mext.go.jp/b_menu/toukei/chousa01/shidou/yougo/1267642.htm，（2016年10月15日閲覧）
文部科学省　2016　平成26年度　児童生徒の問題行動等生徒指導上の諸問題に関する調査
　　http://www.e-stat.go.jp/SG1/estat/List.do?bid=000001069142&cycode=0，（2016年10月15日閲覧）

第15章
門田光司・奥村賢一　2009　スクールソーシャルワーカーのしごと～学校ソーシャルワーク実践ガイド～　中央法規出版
門田光司・鈴木康裕（編著）　2010　学校ソーシャルワーク演習―実践のための手引き―　ミネルヴァ書房
国立教育政策研究所生徒指導研究センター　2004　不登校への対応と学校の取り組みについて―小学校・中学校編　ぎょうせい
文部科学省　2015　平成26年度　児童生徒の問題行動等生徒指導上の諸問題に関する調査
　　http://www.mext.go.jp/b_menu/houdou/27/09/__icsFiles/afieldfile/2015/10/07/1362012_1_1.pdf（2017年2月15日閲覧）
内閣府（編集）　2015　平成27年版　子供・若者白書
山野則子・野田正人・半羽利美佳（編著）　2012　よくわかるスクールソーシャルワーク　ミネルヴァ書房
山下英三郎・内田宏明・牧野晶哲（編著）　2012　新スクールソーシャルワーク論　学苑社

第16章
文部科学省　2012　通常の学級に在籍する発達障害の可能性のある特別な教育的支援を必要とする児童生徒に関する調査結果について
尾崎康子・三宅篤子（編）　2016　乳幼児期における発達障害の理解と支援2 知っておきたい発達障害の療育　ミネルヴァ書房
瓜生淑子・西原睦子（編）　2016　発達障害児の発達支援と子育て支援―つながって育つ・つながりあって育てる　かもがわ出版

第17章
門田光司・奥村賢一　2009　スクールソーシャルワーカーのしごと～学校ソーシャルワーク実践ガイド～　中央法規出版
金澤ますみ・奥村賢一・郭理恵・野尻紀恵　2016　スクールソーシャルワーカー実務テキスト　学事出版
内閣府 総務省 厚生労働省　2015　相対的貧困率等に関する調査分析結果について
　　http://www.mhlw.go.jp/seisakunitsuite/soshiki/toukei/dl/tp151218-01_1.pdf（2017年4月20日閲覧）

第18章
古橋啓介・門田光司・岩橋宗哉（編）　2004　子どもの発達臨床と学校ソーシャルワーク　ミネルヴァ書房

引用(参考)文献

厚生労働省　2014　子ども虐待対応の手引き(通知)
文部科学省　2013　スクールソーシャルワーカー活用事業実施要領(初等教育局長決定)
日本学校ソーシャルワーク学会(編集)　2008　スクールソーシャルワーカー養成テキスト　中央法規
鈴木庸裕(編著)　2015　スクールソーシャルワーカーの学校理解　ミネルヴァ書房
山下栄三郎・内田宏明・半羽利美佳(編著)　2008　スクールソーシャルワーク論　学苑社
山下栄三郎・内田宏明・牧野晶哲(編著)　2012　新スクールソーシャルワーク論　学苑社

第19章
初瀬龍平(編著)　1996　エスニシティと多文化主義　同文館
文部科学省　2015　日本語指導が必要な児童生徒の受け入れ状況等に関する調査(平成26年度)の結果について(平成27年4月24日)
　　http://www.mext.go.jp/b_menu/houdou/27/04/__icsFiles/afieldfile/2015/06/26/1357044_01_1.pdf(2017年3月1日閲覧)
中川　明(編集)・子どもの人権双書編集委員会(著)　1998　マイノリティの子どもたち(子どもの人権双書3)明石書店
佐久間孝正　2009　グローバリゼーション時代の教育と市民権　志水宏吉(編著)　エスニシティと教育(リーディングス日本の教育と社会17)
佐久間孝正　2006　外国人の子どもの不就学　異文化に開かれた教育とは　勁草書房
アンドレア・センプリーニ(著)／三浦信孝／長谷川秀樹(訳)　2003　多文化主義とはなにか　白水社

第20章
阿部彩　2008　子どもの貧困　岩波書店
子どもの貧困白書編集委員会(編)　2009　子どもの貧困白書　明石書店
文部科学省　平成26年度「児童生徒の問題行動等生徒指導上の諸問題に関する調査」結果について
　　http://www.mext.go.jp/b_menu/houdou/27/09/1362012.htm(2017年4月16日閲覧)
小野善郎・保坂亨(編)　2012　移行支援としての高校教育　福村出版
大阪府　大阪府子どもを虐待から守る条例
　　http://www.pref.osaka.lg.jp/kateishien/gjourei/index.html(2017年4月16日閲覧)
鈴木大介　2014　最貧困女子　幻冬舎
湯浅直美・松本伊智朗・浅井春夫(編)　2008　子どもの貧困——子ども時代のしあわせ平等のために　明石書店

あとがき

　2016年（平成28）年6月の児童福祉法の改正や，2015（平成27年）から推進期間15年間の家庭的養護推進計画等にみるように，児童福祉施設の世界は今，大きな点換期にある。同様に近年では，学校でも「貧困・格差」の拡大を背景に，「不登校」「いじめ」「校内暴力」や「児童虐待」問題等へのソーシャルワーク対応が求められるなど，その役割は大きく変化してきている。

　本書は児童・家庭福祉における「理論と実践の乖離」という状況もふまえ，実践から理論に歩み寄ろうとする試みであり，実践者の試行錯誤による取り組みを「経験と勘」で終わらせず，ソーシャルワーク理論として整理しようとしたものである。現今の児童・家庭福祉の状況下では，より個別的かつ普遍的なソーシャルワーク理論が必要になってきている。そのため第2部と第3部では，従来のソーシャルワークの概念や技法にとらわれない，効果的な支援を行うための多様な工夫を実際の事例を交えながら論述した。

　本書が社会福祉士等の児童・家庭福祉分野におけるソーシャルワーク専門職の仕事内容の理解に役立ち，「児童家庭ソーシャルワーク」概念の広がりと一般化の一歩として寄与できれば幸いである。また，あわせて専門職養成教育のあり方への布石となることも望んでいる。

　最後になったが，本書の出版にあたり，編集補佐としてご尽力を頂いた京都府立大学大学院の岡村奈緒美氏に深く感謝を申し上げたい。また，北大路書房編集部の北川芳美氏から特別なご配慮とご助言を頂いた。記して深く感謝の意を表したい。

平成29年6月　編者

執筆者一覧（第1部，第2部は執筆順，第3部は五十音順）*は編者，**は編集補佐

〈第1部〉

櫻井　慶一*	文教大学　人間科学部教授	第1章
宮﨑　正宇*	児童福祉施設　子供の家　児童指導員	第2章
大崎　広行	目白大学　人間学部教授	第3章

〈第2部〉

松本　實	保育園園長	第4章
原田裕貴子	乳児院　家庭支援専門相談員	第5章
鈴木　喜子	児童養護施設　里親支援専門相談員	第6章
宮崎　祐介	地域小規模児童養護施設　児童指導員	第7章
河野　博明	児童アフターケアセンター　センター長	第8章
池戸　裕子	児童心理治療施設　児童指導員	第9章
合木　啓雄	自立援助ホーム　施設長	第10章
前田　佳代	児童養護施設　里親支援専門相談員	第11章
蛭沢　光	当事者団体理事長	第12章
小林　倫大	児童養護施設　児童指導員	第13章

〈第3部〉

岡村奈緒美**	大阪府スクールソーシャルワーカー
加藤　由衣	高知県スクールソーシャルワーカー
久木山信光	京都府スクールソーシャルワーカー
中條　桂子	東京都スクールソーシャルワーカー
水流添　綾	大阪府スクールソーシャルワーカー
土居　智茂	高知県スクールソーシャルワーカー
中田眞知子	福岡県スクールソーシャルワーカー

編著者紹介

櫻井慶一（さくらい・けいいち）
現　在　文教大学人間科学部教授　社会福祉士（東京都社会福祉士会所属）
著書・論文
　　　　『子どもと福祉臨床』（編著）北大路書房　1996年
　　　　『夜間保育と子どもたち』（編著）北大路書房　2014年
　　　　『児童・家庭福祉の基礎とソーシャルワーク』　学文社　2016年
　　　　「保育ソーシャルワークの成立とその展望——"気になる子"等への支援に関連して
　　　　　——」『生活科学研究』（文教大学生活科学研究所）　第38集　2016年3月

宮﨑正宇（みやざき・せいう）
現　在　社会福祉法人　高知県福祉事業財団　児童養護施設　子供の家（児童福祉施設）児童指
　　　　導員兼家庭支援専門相談員（ファミリーソーシャルワーカー）　社会福祉士（高知県社
　　　　会福祉士会所属）
主論文
　　　　「児童養護施設職員の専門性とは」『子どもと福祉』3　2010年
　　　　「児童養護施設における協同実践とは」『子どもと福祉』7　2014年
　　　　「児童養護施設における小規模化の課題——人材育成に焦点をあてて——」『子どもと
　　　　　福祉』9　2016年
　　　　「児童養護施設におけるレジデンシャル・ソーシャルワークに関する文献レビュー」『高
　　　　　知県立大学紀要（社会福祉学部編）』第66巻　2017年3月

福祉施設・学校現場が拓く
児童家庭ソーシャルワーク
―子どもとその家族を支援するすべての人に―

2017年7月10日　初版第1刷印刷	定価はカバーに表示
2017年7月20日　初版第1刷発行	してあります。

編著者　櫻　井　慶　一
　　　　宮　﨑　正　宇
発行所　㈱北大路書房
〒603-8303　京都市北区紫野十二坊町12-8
　　　　　　電　話　(075) 431-0361㈹
　　　　　　ＦＡＸ　(075) 431-9393
　　　　　　振　替　01050-4-2083

©2017　DTP制作／ラインアート日向・華洲屋　印刷・製本／㈱太洋社
検印省略　落丁・乱丁本はお取り替えいたします。
ISBN978-4-7628-2981-9　　　　　Printed in Japan

・ JCOPY 〈㈳出版者著作権管理機構 委託出版物〉
本書の無断複写は著作権法上での例外を除き禁じられています。
複写される場合は，そのつど事前に，㈳出版者著作権管理機構
（電話 03-3513-6969，FAX 03-3513-6979，e-mail: info@jcopy.or.jp）
の許諾を得てください。